COORDENAÇÃO EDITORIAL
PAULO PANDJIARJIAN

GBG

GLOBAL BUSINESS GROUP

Histórico, *cases* de sucesso, desafios e oportunidades do M&A no Brasil

© LITERARE BOOKS INTERNATIONAL LTDA, 2021.
Todos os direitos desta edição são reservados à Literare Books International Ltda.

PRESIDENTE
Mauricio Sita

VICE-PRESIDENTE
Alessandra Ksenhuck

DIRETORA EXECUTIVA
Julyana Rosa

DIRETORA DE PROJETOS
Gleide Santos

RELACIONAMENTO COM O CLIENTE
Claudia Pires

DIRETOR DE MARKETING E DESENVOLVIMENTO DE NEGÓCIOS
Horacio Corral

EDITOR
Enrico Giglio de Oliveira

DESIGNER EDITORIAL
Victor Prado

CAPA
Gabriel Uchima

REVISORA
Ana Lúcia Mendes

IMPRESSÃO
Impressul

Dados Internacionais de Catalogação na Publicação (CIP)
(eDOC BRASIL, Belo Horizonte/MG)

G291   GBG: Global Business Group: histórico, cases de sucesso, desafios
e oportunidades do M&A no Brasil / Coordenador Paulo
Pandjiarjian. – São Paulo, SP: Literare Books International, 2021.
144 p. : il. ; 14 x 21 cm

Inclui bibliografia
ISBN 978-85-9455-302-7

1. Finanças. 2. Investimentos. 3. Mercado financeiro.
I.Pandjiarjian, Paulo. II. Título.

CDD 330

Elaborado por Maurício Amormino Júnior – CRB6/2422

LITERARE BOOKS INTERNATIONAL LTDA.
Rua Antônio Augusto Covello, 472
Vila Mariana — São Paulo, SP. CEP 01550-060
+55 11 2659-0968 | www.literarebooks.com.br
contato@literarebooks.com.br

SUMÁRIO

5 PREFÁCIO
Mauro Oliveira Freitas

9 APRESENTAÇÃO
Antônio Kandir

13 DESAFIOS E OPORTUNIDADES DE M&A NO BRASIL
Paulo Pandjiarjian

25 DIVERSIDADE E INCLUSÃO COMO PARTE ESSENCIAL DA ESTRATÉGIA
Andrea Eboli

37 DISCIPLINA E EXCELÊNCIA OPERACIONAL NAS ORGANIZAÇÕES
Eduardo Soares Gastaud

53 DE DONO A INVESTIDOR
Eron Falbo

61 OS FUNDAMENTOS POR TRÁS DAS TRANSAÇÕES DE M&A
Fabio Pagliuso

73 UM ILUSTRE DESCONHECIDO: PRAZER, ME CHAMO M&A
Gualtiero Schlichting

85 *NETWORKING* COMO FERRAMENTA DE CRESCIMENTO E EXPANSÃO
Ildefonso Santos

97 M&A EM NEGÓCIOS DE HOTELARIA E TURISMO
Maurênio Stortti

107 PASSO A PASSO DE PREPARAÇÃO DA EMPRESA PARA VENDA
Moacir Vieira dos Santos

119   OPERAÇÕES DE M&A COMO ESTRATÉGIA EMPRESARIAL
EM TEMPOS DE CRISE
Priscila Spadinger

131   NEGÓCIOS IMOBILIÁRIOS NA FLÓRIDA –
FORMAS DE INVESTIMENTOS
Vitor Odisio

PREFÁCIO

M&A em ambiente de redes sociais

A ideia do Global Business Group (GBG) surgiu em novembro de 2015, quando convidei amigos de várias áreas profissionais para criarmos um ambiente de negócios disruptivo, sem custos para os participantes, que deveriam, principalmente, zelar pela qualidade das oportunidades postadas em grupos do WhatsApp. O sucesso do GBG se deve muito à qualidade dos profissionais que fazem parte dos grupos, tanto no Brasil como no exterior. A proposta de formação dos grupos de geração de negócios teve imediata adesão da amiga e colega dra. Sandra Comodaro, detentora de um *networking* diferenciado e disponibilizado com generosidade para todos os parceiros GBG. Todos os participantes do GBG vêm contribuindo ativamente para sua viabilidade e sua importância no cenário de negócios no Brasil e no exterior, destacando-se a colaboração essencial de Priscila Spadinger, Rodrigo Marques Fernandes, Ildefonso Santos e Gualtiero Piccoli, amigos e colegas que se dedicaram a consolidar nossa proposta.

Inicialmente, o GBG se resumia a um grupo de WhatsApp com lotação máxima de 256 participantes, o qual batizamos de GBG Brasil. Após um ano de atividade, verificou-se a necessidade de fazermos um grupo específico para negócios nos Estados Unidos, o GBG USA, abrindo o caminho para outras iniciativas e demandas que apontaram para a criação dos grupos GBG China, Europa, África, Israel e América Latina. Mais uma vez, motivados pela observação da dinâmica dos grupos e das propostas feitas pelos participantes, decidimos abandonar a ideia de regionalidade e partir para grupos de afinidade em razão dos tipos de negócios. Assim, foram criados os atuais grupos GBG M&A, GBG Trading, GBG Invest, GBG Service e GBG Real Estate. Levando-se em consideração o número de pessoas participantes e o número de grupos formados, estimamos que, hoje, os grupos GBG conectam algo em torno de 2.000 profissionais que oferecem suas oportunidades ou buscam novos negócios.

Entre os participantes do GBG, costumo brincar que somos uma "ameba", pois não temos uma forma definida; aprendemos com os movimentos espontâneos da estrutura, que é um corpo único, "fagocitamos" todas as ideias, oportunidades, práticas e bons profissionais que encontramos pela frente e, principalmente, somos capazes de nos adaptar por completo ao cenário da vida atual, no qual precisamos nos moldar a cada situação nova. É o chamado mundo VUCA (VUCA é uma sigla em inglês formada pela primeira letra das palavras: *volatility* (volatilidade), *uncertainty* (incerteza), *complexity* (complexidade) e *ambiguity* (ambiguidade). Aliás, parece que, na atual conjuntura, velhas práticas comerciais, intervenção estatal, sistema tributário complexo, sistema judiciário que não garante segurança jurídica para os negócios e os investidores e uma burocracia arcaica mostram total esgotamento.

Nesse contexto, surgiu a proposta de lançarmos a primeira obra coletiva do GBG, tratando exatamente de M&A (*mergers and acquisitions*), ou fusões e aquisições, mediante opiniões e dicas de profissionais que atuam na área e no ambiente de negócios no Brasil e em outros mercados internacionais. A iniciativa do livro foi de Paulo Pandjiarjian e Priscila Spadinger, ideia concebida antes da pandemia, em 2020, e que se tornou realidade em meio às mudanças que trouxeram enormes questionamentos quanto ao futuro da economia no Brasil e no mundo. Esse é o cenário que os negócios devem enfrentar daqui para a frente e que trarão incertezas, situações complexas e certa sensação de urgência e inconsistência nas atividades econômicas.

A presente obra é essencial para quem quer entender o ambiente de negócios envolvendo fusões e aquisições de empresas no Brasil. São dicas e opiniões de profissionais experientes e que atuam há muitos anos na área. Essas informações poderão proporcionar ao leitor uma visão realista do que é preciso para efetivar uma fusão ou uma aquisição de empresa no Brasil, que atualmente oferece enormes desafios e oportunidades, como poucos lugares no mundo. Nesta obra, o leitor poderá compreender como práticas simples conseguem definir o sucesso ou o fracasso de um negócio envolvendo M&A, como uma *valuation* bem elaborada, contratos preliminares para estabelecer regras de atuação profissional, levantamentos contábeis precisos, documentos que autorizem um interlocutor a ofertar uma oportunidade de compra e venda de uma empresa, a identificação da real capacidade de compra de um interessado em uma aquisição, entre outros detalhes.

Esperamos que esta primeira obra coletiva do GBG auxilie a efetivação de novos negócios no Brasil, gerando sucesso para quem atua ou pretende ingressar nesse mundo de oportunidades chamado M&A! Para nós, do GBG, é uma enorme satisfação poder contar com autores tão qualificados e que se dispuseram a registrar aqui seus conhecimentos e sua experiência prática na esperança de contribuir para a maior efetivação de negócios neste novo momento da economia e de um mundo que exigirá cada vez mais profissionalismo e celeridade nas ações pertinentes a M&A.

Mauro Oliveira Freitas
Idealizador e fundador do GBG
Advogado empresarial

APRESENTAÇÃO

Digitalização e a aceleração do M&A

Guerras, revoluções e pandemias aceleram os processos históricos. Sobretudo as pandemias. A digitalização que vem ocorrendo há décadas está sendo superacelerada pela COVID-19. Os efeitos dessa superaceleração da digitalização sobre os processos de M&A serão bem importantes. Comento, por conta do espaço pequeno deste texto, somente alguns deles.

Efeito 1: Alteração profunda na dinâmica concorrencial

Com a digitalização, o poder dos consumidores aumenta de maneira significativa, dado seu acesso amplo a bases de informação a custo zero, fazendo que: 1) os produtores mais eficientes estejam mais próximos dos consumidores finais, que passam a dispensar todo e qualquer intermediário; e 2) sejam derrubadas as barreiras de proteção dos produtores mais ineficientes. Em consequência, os produtores menos eficientes tendem a perceber que, quanto mais rapidamente se juntarem aos mais fortes, menor será a perda de seu valor de capital.

Efeito 2: Ampliação das oportunidades de reorganização das empresas

A COVID-19 esvaziou os escritórios e transformou as formas de organização das empresas. A descoberta que muitos tiveram de que era possível mudar o padrão de comunicação dentro das empresas está permitindo que estruturas organizacionais com vários níveis hierárquicos sejam repensadas. O CEO das companhias, agora, pode fazer que suas mensagens sejam mais facilmente entendidas, bem como pode se beneficiar mais facilmente dos comentários e das percepções de quem está na ponta da execução. Aquelas empresas que se ajustarem com mais rapidez certamente terão melhores possibilidades de adquirir as mais lentas.

Efeito 3: Acesso facilitado aos melhores talentos

A digitalização viabilizou a reunião dos melhores talentos, independentemente de sua localização. As melhores empresas poderão elevar sem limites sua produtividade e sua competitividade ao terem como, agora, recrutar com facilidade os melhores talentos em qualquer parte do globo.

Efeito 4: A plataformalização dos negócios

A digitalização abriu a possibilidade de as empresas se apresentarem junto a seus consumidores, não somente oferecendo seus produtos, mas organizando um conjunto de fornecedores alternativos, que passam a ter, como única interface com os consumidores finais, as plataformas criadas pelas empresas líderes. As empresas organizadoras dessas plataformas assumem uma posição privilegiada junto aos consumidores e vão, progressivamente, aperfeiçoando seu conhecimento das práticas e dos desejos deles, e assim podem cada vez mais aprimorar sua oferta de produtos em detrimento dos concorrentes que estejam fora de sua plataforma.

Efeito 5: Ampliação expressiva das fontes de funding para M&A

A digitalização está provocando mudanças profundas nas condições de *funding*, que aumentam em muito o poder das empresas mais ágeis, que saibam aproveitar bem os quatro efeitos já apontados e que tendem a aumentar muito o próprio poder sobre as empresas menos ágeis.

Em outras palavras, as empresas que venham a aproveitar as oportunidades de aproximação junto a seus clientes, que enxuguem suas estruturas, incorporem os melhores talentos, reestruturem seus negócios em plataformas certamente estarão credenciadas para conduzir processos de M&A que permitam seu rápido crescimento e a consolidação de suas lideranças.

Tais processos de consolidação em favor das empresas propensas a serem líderes se revelam inclinados a ficar ainda mais viáveis em função dos efeitos poderosos que a digitalização tende a ter sobre as condições de *funding* para as operações de M&A.

Em primeiro lugar, vejamos os efeitos sobre as taxas de juros de longo prazo. As taxas de juros de longo prazo são aquelas que equilibram a oferta de poupança de um lado e a demanda por investimentos de outro. Nós entramos em uma fase de redução das taxas de juros, o que facilita os processos de *funding* dos M&A. As taxas de juros tendem a ficar baixas pelas razões que aponto em seguida. O que observamos hoje no mundo é, de um lado, uma tendência de aumento da idade média e, portanto, da inclinação a poupar. Esse processo de propensão a poupar pelo envelhecimento da população, ao que parece, pode até estar sendo acentuado em função dos receios despertados pela pandemia e pelo fato de que poderemos ter outras pela frente, dada a dificuldade de conter as ações nocivas que a humanidade pratica em relação ao meio ambiente. De outro lado, os processos de digitalização tendem a reduzir de maneira expressiva os custos dos investimentos.

A tendência de queda de juros, além de facilitar o endividamento das empresas líderes, fortalece os mercados de capitais, ampliando as possibilidades de capitalização das empresas que resolvem correr os riscos de buscarem se afirmar como líderes em seus setores.

Termino com uma frase de Abraham Lincoln para aqueles que se inquietam com tantas mudanças a que estamos assistindo: "A melhor maneira de prever o futuro é criá-lo". As empresas líderes fazem isso. A digitalização acelerada pela COVID-19 tende a facilitar sua jornada.

Antônio Kandir
Ex-ministro de Planejamento e Orçamento

1

DESAFIOS E OPORTUNIDADES DE M&A NO BRASIL

Nada poderia ser mais desafiador para o ambiente de negócios no Brasil que o enfrentamento à pandemia da Covid-19 em 2020 e a necessária quarentena nos setores do mercado considerados não essenciais. Aliado a isso, os empreendedores tradicionais brasileiros, diferentemente das *startups*, resistem a profissionalizar sua estrutura e sua comunicação com os investidores, quer sejam de fundos, *family offices* ou mesmo *players* estratégicos.

PAULO PANDJIARJIAN

Paulo Pandjiarjian

Profissional com mais de 25 anos de experiência, com pós-graduação em Gestão Empresarial pela Fundação Instituto de Administração. Escritor, é formado e especializado em Jornalismo, fluente em inglês e com bons conhecimentos em espanhol. Vem desenvolvendo suas expertises em relações institucionais e governamentais e comunicação corporativa – interna e externa – em áreas como vendas e marketing; varejo; educação profissional; comércio exterior; veículos de comunicação; e *executive search*. Participou de projeto internacional, com a presença de mais de 60 países, desenvolvendo uma visão abrangente de multiculturalismo. Possui bom trânsito nas esferas de governo, em todos seus níveis – federal, estadual e municipal. Liderou e motivou equipes a se comprometerem com resultados, elegendo competência e ética como lemas. Cerimonialista, conhece bem os desafios do protocolo governamental.

Contatos
www.panbrasil.com.br
paulopand@gmail.com
LinkedIn: Paulo Pandjiarjian
11 99609-9843

Introdução

Por ser um dos países com maior território global, PIB, população e mercado consumidor, o Brasil possui recursos naturais incomparáveis e, na busca por oportunidades de negócios, investimentos e expansão internacional – principalmente em busca de oportunidades –, não pode ignorar os ganhos de longo prazo.

Existem várias motivações para o processo de M&A. Por exemplo, essa pode ser uma maneira rápida e eficaz para a empresa expandir seus negócios, entrar rapidamente em outros mercados internacionais, diversificar os riscos regionais e acelerar o processo de fusão. Além disso, é possível buscar escala econômica regional e sinergia de negócios, otimizar a estrutura de capital do grupo, tecnologia abrangente e vantagens competitivas etc.

Mesmo diante da situação atual, o *Diário do Comércio* afirmou que 2020 seria um ano muito agitado para fusões e aquisições no Brasil. O chamado negócio de fusões e aquisições (M&A em inglês) está se tornando cada vez mais comum em nosso país; teve muito sucesso em 2019, e há motivos suficientes para esperar o mesmo neste ano.

Segundo dados da consultoria Evolua, a receita da área de M&A atingiu 307 bilhões de reais em 2019, um aumento de mais de 58% em relação a 2018. Educação, saúde, tecnologia da informação, telecomunicações e imobiliário são alguns exemplos de áreas de sucesso, de acordo com a pesquisa.

O que nos faria acreditar que 2020 seria melhor? Muitos fatores foram responsáveis à época para formatar um ambiente favorável para reformas, como tributação e gestão administrativa; crescimento esperado do PIB; bolsas de valores com recordes históricos; taxa de inflação brasileira e queda das taxas de juros (Selic); taxas de juros negativas na Europa; e a menor taxa de juros dos Estados Unidos. Ao melhorar o nível de confiança dos investidores nacionais e estrangeiros; o governo se esforça para simplificar o ambiente de negócios no Brasil.

Firmas de consultoria bem conhecidas entre as Big Four, como PricewaterhouseCoopers (PwC) e KPMG, apontaram a tendência de integração aqui. Relacionada a tudo isso está a onda de movimento que deve continuar: a criação de empresas brasileiras-unicórnio, como 99 e IPOs dentro e fora do país.

Esses movimentos costumam gerar poder financeiro para grandes empresas, que, a fim de crescer, precisam fazer aquisições e expandir de maneira não orgânica. Por outro lado, as empresas familiares encontram suas propostas cada vez mais "atrativas", se deparando com dificuldades na sucessão familiar e na falta de boa governação corporativa.

No entanto, proprietários de negócios que podem ser vendidos precisam fazer o dever de casa para que a empresa mantenha o melhor cumprimento da governança. Empresas com más condições operacionais, contabilidade atualizada e sem riscos jurídicos, trabalhistas e fiscais, até mesmo com ativos de alta qualidade, podem eventualmente fazer que os compradores percam o interesse.

Por meio desse patamar, não podemos esquecer que todas as fusões e aquisições exigem cuidados especiais. Esses processos são muito demorados e vão desde a avaliação das pessoas interessadas nos bens a serem adquiridos e vendidos, a análise da viabilidade jurídica da transação, a elaboração de modelo financeiro (*valuation*) para justificar a transação, a contratação e a realização de *due diligence* até a definição do preço de venda. Tudo isso pode levar semanas, meses ou anos... para não falar do cenário depois que a transação é concluída.

Bons consultores para ambas as partes (comprador e vendedor) são essenciais à concretização desse tipo de negócio. Por outro lado, essa é uma grande oportunidade para profissionais que possuem experiência em todo o processo, além de conhecimentos nas áreas de finanças, contabilidade e direito.

Percebe-se que fusões e aquisições podem trazer benefícios econômicos e, principalmente, a profissionais que estão prontos para acompanhar tais projetos estratégicos iniciados no Brasil. O campo de fusões e aquisições está enfrentando enormes desafios e oportunidades.

Cenário

Mas, como dissemos no resumo do capítulo, nada poderia ser mais desafiador para o ambiente de negócios no Brasil que o enfrentamento da pandemia da Covid-19 em 2020 e a necessária quarentena nos setores do mercado considerados não essenciais. Aliado a isso, os empreendedores tradicionais brasileiros, diferentemente das *startups*, resistem a profissionalizar sua estrutura e sua comunicação com os investidores, quer sejam de fundos, *family offices* ou mesmo *players* estratégicos.

Case

Por conta dessa análise, vale a pena compartilhar um case, em caráter sigiloso, guardando nome e área de atuação da empresa. A intenção é o compartilhamento de conteúdo e aprendizado em M&A no Brasil, especialmente voltados àqueles empresários que ainda não estão se organizando convenientemente para a entrada de grandes *players* no mercado brasileiro. Toda a sociedade torce e se prepara para vencer a pandemia da Covid-19 com a ajuda de vacinas que estão sendo desenvolvidas por diversos países do mundo, inclusive com a colaboração do Brasil. Logo, quando a situação estiver mais segura e controlada, acreditamos que o bom ambiente de negócios voltará a despontar no País, trazendo de volta o interesse e o apetite de investidores estrangeiros.

Início conturbado

Antes de entrarmos nos detalhes do case propriamente dito, há que se dizer que o empresário, dono da rede em questão, antes de termos tido contato com ele, havia recebido uma consultoria *boutique* e aceitou assinar vários *non-disclosure agreement* (NDA) direcionados a diversos *players* e fundos do mercado.

A consultoria – infelizmente, em nossa visão –, sem a devida preparação e sem contato sigiloso com os possíveis interessados, saiu a mercado, quase oferecendo o ativo de porta em porta. Isso, como não poderia deixar de ser, criou um ambiente conturbado de negócios para a rede, e o ativo acabou se queimando um pouco, criando dificuldades de trabalho na condução da apresentação, no desenvolvimento de interesse na compra e na condução das negociações.

Por conta desse fato, o dono do negócio ficou mais ressabiado e, apesar de entender que o futuro de seu negócio seria a aquisição por um *player* maior, em um mercado que estava naturalmente se concentrando, achou por bem trabalhar de modo muito mais *low profile*.

Para tanto, acionou um amigo dele de 40 anos, que também já havia sido dono de uma rede de lojas, para que ele fosse o interlocutor com o mercado sobre uma possível venda. E, nesse momento, esse interlocutor passou a ser o mandatário informal da venda e me chamou para fazermos uma parceria, por conta de meu patrimônio de relacionamento.

Patrimônio de relacionamento

Na verdade, não é por acaso que as relações pessoais e profissionais apresentam muitas semelhanças, principalmente quando se analisam os fatores que levam a seu sucesso. Além de superar as dificuldades encontradas no desenvolvimento, a partir do processo contínuo de benefício mútuo entre as duas partes, aos poucos se estabelece um bom relacionamento. Com o contato durante o processo de aproximação, a interação entre pessoas com interesses e expectativas semelhantes oferece meios de potencializar relacionamentos harmoniosos e sustentáveis. As partes podem até ter objetivos diferentes, mas em algum momento da relação podem se complementar, se somar e formar uma interdependência saudável.

Em uma relação pessoal relevante, seja ela de amizade, seja afetiva, associamos a outra parte como indispensável em algum aspecto de nossas vidas, ligamos sua lembrança a algo marcante que vivemos e, por fim, sentimos falta e criamos vínculos que são fundamentais para nosso bem-estar. Por exemplo, quem não se lembra de um amigo, um familiar ou alguém próximo ao passar por uma situação delicada na vida, como um acidente fatal ou uma perda? Ou, quando conquistamos algo importante que queríamos, muitas vezes não contamos com pessoas à nossa volta? Nossas relações mais perenes são aquelas que, por algum motivo, se tornam indispensáveis em nossas vidas, por meio das quais há trocas de valores e benefícios.

Relacionamento de negócios

Em uma relação comercial saudável, para alcançar resultados concretos não é diferente do que acontece em uma relação pessoal. Seja em produtos e serviços, seja em valores, conhecimentos, ideias e soluções, sempre há trocas bilaterais. Nessas relações, sempre há expectativa de uma parte quanto à outra, e essa situação é correspondida. Para que o relacionamento continue, essas expectativas devem ser sempre renegociadas, ou seja, as partes devem manter contato contínuo. A transação não precisa ser financeira. Podem ser de cunho social, espiritual ou ideológico, mesmo no relacionamento entre duas empresas ou entre uma empresa e seus consumidores.

É importante estreitar o relacionamento, reajustar expectativas e saber que o que a outra parte precisa para manter sua oferta é sempre relevante e essencial. No entanto, existem diferenças básicas entre os dois tipos de relacionamento. Quando a motivação é pessoal, a moeda de troca nem sempre é clara e objetiva. Uma pessoa pode doar mais dinheiro e, mesmo assim, as duas ficam totalmente satisfeitas com o relacionamento. Quando a motivação é o negócio, o equilíbrio precisa ser mais harmonioso e as expectativas precisam ser mais consistentes. Os benefícios para ambas as partes devem ser evidentes. Os resultados precisam ser claros. Se esse relacionamento for lucrativo, então deve render dinheiro. Se o objetivo é um propósito social, deve ser alcançado e provado objetivamente. Esse relacionamento precisa ajudar a atender às expectativas de ambas as partes.

Teoria da rede

Já se foi o tempo em que uma empresa era capaz de produzir e outra tinha poder de compra suficiente e leal. Isso pode ser facilmente superado pela competição. Hoje, embora raramente seja observado em determinados segmentos de mercado, todo produto vem acompanhado de um serviço. Os serviços são realizados por meio do relacionamento entre as pessoas, mesmo que sejam treinadas para não representar a organização à qual pertencem.

Portanto, a teoria da rede (ou interação) deu origem ao marketing de relacionamento e ao marketing direto. Essa teoria acredita que "marketing são todas as atividades de uma empresa para estabelecer, manter e desenvolver relacionamentos com clientes". Portanto, para qualquer empresa, planejar seu relacionamento e o momento de se revelar, estabelecendo contato com as partes interessadas (*stakeholders*) na proposta, seja clientes, fornecedores, terceirizados, parceiros ou funcionários, é crítico.

Para desenvolver as relações externas, as pequenas empresas (principalmente aquelas que estão entrando no mercado ou que têm como objetivo expandir ou conquistar novos mercados) precisam identificar e aproveitar oportunidades de contato com outras empresas (em especial aquelas com afinidade), perguntando o que podem oferecer. Muitos desses conceitos devem ser considerados ao planejar a venda da própria empresa.

Dados do negócio

Como muitos empresários brasileiros de empresas médias, o dono da rede tratada neste capítulo não estava devidamente preparado para falar com o mercado, menos ainda com fundos internacionais, que têm regras mais rígidas de apresentação e negociação.

Meu parceiro no negócio foi quem formatou os balanços patrimoniais e também os demonstrativos de resultados (DREs), além do *teaser* a seguir.

Rede

Sobre a empresa

Rede de lojas fundada em 1980, com 120 lojas, tendo previsão de inaugurar outras 5 no segundo semestre de 2020, com forte atuação no interior de São Paulo.

Infraestrutura

Suas lojas estão em prédios alugados, com metragem média de 120 m². Há um centro de distribuição com 8 mil m² de área construída em imóvel pertencente a seu grupo econômico, totalmente automatizado. Possui 1.700 colaboradores.

Faturamento

O faturamento em 2015 foi de R$ 328 milhões, com Ebitda[1] de 7,8%; em 2016, foi de R$ 331,7 milhões, com Ebitda de 8,4%; em 2017, foi de R$ 305 milhões, com Ebitda de 8,00%; em 2018, foi de R$ 310 milhões, com Ebitda de 0%; em 2019, projetava faturar R$ 330 milhões, com Ebitda de 8%.

Capital de giro

Tem endividamento bancário de R$ 25 milhões e não tem passivo trabalhista, civil ou tributário.

Motivo da venda

O proprietário planeja desenvolver novos negócios.

Valor da venda

R$ 300 milhões. Nesse valor, não estão inclusos os imóveis próprios.

Em relação ao quadro anterior, há que se mencionar que o valor atual de R$ 300 milhões já havia sido de R$ 400 milhões. Havíamos tido no mercado o caso recente de um *player* estrangeiro que, para se estabelecer no Brasil, havia adquirido rede análoga, mas de maior tamanho, pagando 22 vezes o Ebitda. Esse fato deu ao dono de nossa

---

[1] *Ebitda* é a sigla em inglês para *earnings before interest, taxes, depreciation and amortization*. Em português, "lucros antes de juros, impostos, depreciação e amortização".

rede de trabalho a impressão de que o mercado estava muito favorável, e ele queria valorar sua rede mais pelo custo da oportunidade que pelo custo real de aquisição.

Quando ainda estava pedindo os R$ 400 milhões, chegou a recusar uma oferta de R$ 280 milhões de um fundo americano. Talvez uma oferta desse naipe hoje fosse aceita no atual cenário do mercado. A intenção do dono da rede é vender 100% do negócio, mas estuda vender 70% e continuar com uma participação de 30%, investindo na ampliação, sempre de acordo com sua participação.

Ele até possui um plano estratégico de aquisição de três redes menores por aproximadamente R$ 100 milhões, que poderia trazer um aumento mensal de R$ 20 milhões no faturamento. Seu faturamento atual é consistente, e parte interessante de seu bom resultado vem do desenvolvimento de marcas próprias, com margens de lucros maiores e compras certeiras, utilizando a diferença de percentual do ICMS nos diferentes estados da União.

Desafios nas negociações

Vários desafios têm se apresentado no desenvolvimento do negócio. Um deles é a rede ter ficado marcada lá no início pelo trabalho pouco profissional da mencionada *boutique* de M&A. O outro é que o dono da rede não abre mão de trabalhar com 3% de comissão para os envolvidos nas negociações. Apesar de 3% de R$ 300 milhões ser um número bastante atraente, muitos profissionais preferem trabalhar com 5% ou 6% de comissão na negociação.

Outro desafio é que temos muitos profissionais independentes de mercado que trabalham com M&A, sem pertencer a nenhuma estrutura mais bem organizada. Logo, também o trabalho ofertado não é tão profissional quanto se espera. Se as pontas do negócio (compra e venda) estão muito distantes e há muitos intermediários entre elas, a chance de uma quebra é maior. E, muitas vezes, a outra ponta do negócio acaba não apresentando concretude na hora em que as tratativas começam a ficar mais sérias e concretas.

Muitas vezes, para aproximar as duas pontas do negócio, acabam surgindo parceiros que nem se conhecem pessoalmente. Nesses casos, é necessária a assinatura do NDA entre as partes, normalmente divididas em parte compradora, parte vendedora e parte intermediária. Após a assinatura do NDA, o comprador é apresentado ao vendedor, e este último dá seu "De acordo", também assinando o documento de *non-disclosure agreement*, antes de seguir para o memorando de entendimentos.

Outro ponto que sempre se debate, mesmo antes de um possível *memorandum of understanding* (MOU), é o *valuation* (determinação do valor da empresa).

Como é feito o *valuation*?

Antes de começarmos, *valuation* é o nome utilizado para essa estimativa dentro do mercado financeiro. Normalmente, ele é calculado por um especialista, já que é difícil de ser feito por conta própria – a não ser que você tenha um profundo conhecimento em finanças e uma alta capacidade de analisar o mercado.

Em primeiro lugar, devemos esclarecer que é praticamente impossível chegar a um número exato do valor de uma empresa. A única possibilidade de fazer isso é no caso das companhias de capital aberto, em que se multiplica a quantidade de ações disponíveis pelo valor de venda da ação na bolsa de valores, chegando a um valor atual e específico.

Nas empresas que não possuem ações à venda na bolsa de valores, essa quantia pode ser menos precisa. Por isso, entender como é feito o *valuation* é essencial. Alguns empresários acreditam que a melhor forma de calcular o valor da empresa é olhar o total de ativos no balanço patrimonial. Assim, eles chegam à quantia que a empresa possui e podem ter uma média do quanto ela valeria se fosse vendida. No entanto, essa é uma péssima forma de fazer o cálculo e pode ser totalmente inválida se a empresa estiver afundada em dívidas, por exemplo.

Esse cálculo também não vale se a empresa tiver uma patente muito interessante para o mercado ou até mesmo uma marca forte. Esses itens têm uma procura alta e nem sempre conseguem ser mensurados por meio de um balanço patrimonial.

Quanto vale uma empresa?

Para o mercado de investimentos, é muito mais interessante descobrir quanto a empresa ainda pode render no futuro. Esse número deve revelar um pouco do histórico do negócio, mas, principalmente, suas expectativas para os próximos anos.

Um negócio vale o quanto ele ainda pode crescer, e essa é uma importante lição para empresários e empreendedores de todos os ramos.

Qual a importância disso para o negócio?

Especialmente em tempos de crise, o *valuation* é uma ótima ferramenta para avaliar se o dinheiro investido na empresa trouxe resultados concretos para seu crescimento ou se foi apenas uma forma de mantê-la aberta e funcionando.

Ao fazer essa análise, você também aprofunda seus conhecimentos sobre a produção e a dinâmica empresarial. Na maioria dos casos, é possível descobrir com exatidão quais são os itens que valorizam uma instituição para o mercado e quais são aqueles que a fazem valer menos.

Isso pode ser interessantíssimo da perspectiva administrativa, pois oferece uma visão mais clara da estratégia que deve ser seguida para que a companhia se fortaleça, se diferencie competitivamente e alavanque seu crescimento tanto na produção quanto no valor de mercado.

Caso haja a necessidade de compra ou venda da parte de um dos sócios, o *valuation* também ajuda a ter uma noção de como calcular o montante a ser pago de maneira justa, sem prejudicar nenhum dos envolvidos e garantindo bons negócios.

Por último, estudar a evolução do valor da empresa com o passar dos anos e as variáveis econômicas de cada época ajuda o empresário a montar estratégias de crescimento mais consistentes – assim como facilita a criação de metas eficientes para os diversos cenários mercadológicos possíveis.

Resumindo, há muitos fatores a serem levados em conta para fazer a avaliação do valor da empresa, inclusive os intangíveis, que podem colaborar com até 85% dessa avaliação. Outros fatores que devemos ter em mente:

- patrimônio líquido (balanço patrimonial)
- valor de mercado (ações na bolsa)
- valor de liquidação (ativos)
- projeção de ganhos futuros (em valor presente)
- fator multiplicador do Ebitda

Conclusão

Em resumo, a crise econômica brasileira trouxe novas oportunidades de investimento. O cenário de incertezas aumentou o número de empresas brasileiras em dificuldade, e esse número aumentou em 2020, tendo em vista os prognósticos de baixo crescimento econômico por conta da pandemia da Covid-19. Essas circunstâncias podem significar uma combinação interessante de ativos mais baratos e da consolidação de alguns setores, tornando ainda mais atrativo fazer negócio no Brasil.

Alguns profissionais que atuam nesse segmento olham com cautela o cenário, embora prevaleça o otimismo. Há quem acredite que, ao fim da pandemia, vai se abrir uma janela de oportunidades. Isso porque a crise vai deixar muitas empresas em dificuldades. As empresas devem se preparar para o momento da retomada. Fazendo todos os ajustes necessários, elas estarão prontas para a curva de ascensão rápida que esse setor de M&A terá após os efeitos da pandemia. As empresas ficarão baratas e o investidor ainda ganhará no câmbio. A crise também dá espaço para aquisições de oportunidade, mas, nesses casos, os empresários precisarão ter expectativa de valor realista. Isso sem falar nos empresários que irão avaliar o momento como oportuno para atrair um sócio que apoie ativamente com gestão e governança, papel muito comum entre os fundos de *private equity* e investidores institucionais.

A tendência é que o mercado continue em ritmo crescente. Sai de foco o ambiente próspero de um país em crescimento econômico, entram em cena oportunidades de negócios a bons preços em razão da necessidade de liquidez, somadas à busca por consolidação, eficiência e sinergia.

2

DIVERSIDADE E INCLUSÃO COMO PARTE ESSENCIAL DA ESTRATÉGIA

O objetivo deste capítulo é trazer a diversidade de forma mais ampla e disruptiva e seu impacto na estratégia das empresas. Trazendo novas perspectivas sobre como criar ecossistemas organizacionais diversos e inclusos, em que cada indivíduo tenha sua participação e que seja capaz de contribuir com seus valores para o fortalecimento da organização.

ANDREA EBOLI

Andrea Eboli

Andrea é executiva no Mercado de Consumo há mais de 15 anos, ocupando posições em cargos de liderança em marketing e vendas nas maiores empresas de bens de consumo. Adicionou à sua carreira a criação de sua própria empresa voltada a Estratégias *Ominichannel* e de *Social Selling*. Andrea possui também experiência internacional vivendo em países da Europa, América Latina e Estados Unidos. Morando atualmente em Nova York, é *head* do Grupo Mulheres do Brasil na região e tambem líder de expansão para América do Norte. Possui uma passagem relevante como executiva de novos negócios da instituição americana Understood e hoje é *partner* da empresa americana IBG, focada em ajudar as empresas na modelagem estratégica de seus negócios. Andrea tem mestrado pela FGV, doutorado em Negócios pela Swiss Business School, em Zurique, e especializações em Marketing Digital pela NYU, em Nova York, e em Harvard. Andrea é TED Speaker e, em 2019, recebeu o prêmio de Empreendedora Internacional nos Estados Unidos por ações junto à comunidade internacional local.

Contato
andreaeboli@internationalgb.com

Muito além da diversidade

Muito se tem falado sobre como as empresas enxergam diversidade em suas estratégias. Apesar de ser um assunto recente e ainda pouco explorado no Brasil, a diversidade tem ocupado um espaço cada vez mais relevante em mesas de conselhos, grandes eventos de negócios e em processos de M&A. Um assunto que até pouco tempo era liderado apenas pela área de Recursos Humanos passa a ser um quesito de fundamental importância para as empresas que pensam de maneira inovadora e global.

E por que pensar em diversidade pode fazer seus negócios e sua estratégia mais rica e promissora? Por que pensar de maneira diversa pode aproximar as empresas de seus funcionários e de seus consumidores?

A resposta é simples: porque o mundo é diverso.

E seu mercado consumidor também. Pessoas têm origens diversas, pensamentos, experiências, culturas e línguas diversas.

O mercado de consumo está passando por grandes transformações principalmente na forma em que o consumidor estabelece suas relações com os produtos que utiliza e consequentemente com as empresas que o fazem. E esta relação orgânica e não estruturada, em que as pessoas pensam e agem de forma livre, supera estereótipos tão esgotados pelo marketing tradicional

Isso significa que pensar de maneira diversa e entender a evolução do pensamento e do comportamento gera um grande diferencial competitivo para as empresas, e que isso se sobrepõe às regras mercadológicas que aprendemos durante nossa vida acadêmica e profissional.

Ainda hoje, ouvimos equipes de marketing sugerindo que um produto foi criado para mulheres, classe A, de 25 a 35 anos que amam se cuidar e pensar em suas famílias. Agora imaginem quantas pessoas poderiam ser enquadradas nessa janela. Como podemos pensar em um único produto que atenda mulheres de diferentes culturas, idiomas, raças, com experiências profissionais, culturais e pessoais, com questões pessoais associadas a seu corpo, sua vida profissional, a maternidade, a afetividade, sua origem, sua nacionalidade, seu cabelo, sua forma de enxergar o mundo, sua oportunidade de viajar e ter acesso a novas culturas etc.?

Parece obvio, mas não é. Quantas empresas, ainda acreditam que diversidade é discutir cotas de deficientes liderado internamente pelo Diretor de RH ou pelo time institucional para criar frases de efeito no capítulo "missão e visão da empresa".

A diversidade vai muito além de características demográficas de uma população; ela está na forma como o público se comporta, pensa, compartilha ideias e age. A diversidade está em entender que cada indivíduo é único e que, socialmente, vai se agrupando por interesses, mas sempre preserva sua identidade dentro do grupo. Não devemos pensar na diversidade como um fim; ela é um meio que nos ajuda a conhecer pessoas diferentes e saber como elas interagem com nossa empresa e nosso negócio. Isso significa estar aberto legitimamente. E esse é um bom *start* para a implementação de um plano bem-sucedido de diversidade e inclusão.

Cultura organizacional

Um bom ponto de partida para a implementação de uma visão de diversidade é entender a importância de uma cultura organizacional bem estabelecida e difundida. Certo? Depende.

Depende do quanto a cultura da empresa está sendo empregada para vocês trazerem iguais para dentro da organização. O quanto ela está sendo usada para formalizar que vocês querem pessoas que pensam e agem da mesma forma. Quantas vezes, naquelas reuniões de recursos, recriminamos pessoas que pensam e agem diferente? Se isso acontece, o impacto em qualquer negócio pode ser crucial. Porque essas pessoas iguais pensam igual, agem igual e, depois de muitos anos, trazem modelos mentais que vão contra seu processo de inovação.

É importante dizer que esse modelo gera um conforto organizacional extraordinário, que passa a ser valorizado e reconhecido na organização. Pessoas que passam anos na mesma área, às vezes até mesmo na mesma função, dizendo a mesma coisa, repetindo frases como "Isso não vai mudar, sempre foi assim e sempre será" passam a ser ícones de uma cultura organizacional estática e sem caminhos para a inovação.

Uma outra reflexão importante é que o processo de diversidade não se baseia apenas na visão e na missão da organização. Claro que eles se fazem importantes, uma vez que demonstram para a organização a direção, os princípios e os valores. Entretanto, esta é somente uma das etapas iniciais de um processo de inclusão da diversidade.

28 | GBG

Estar aberto a viver um modelo de diversidade passa por como traduzi-lo em ações do dia a dia para que possa ser compreendido pelos colaboradores e, ao mesmo tempo, seguido e aplicado em todos os níveis organizacionais. O que é diversidade para mim pode ser completamente diferente do que é para você, para o líder de uma empresa, para um ativista, para a liderança de uma ONG ou para um funcionário de sua equipe.

Um outro aspecto importante que valida e legitima esse modelo organizacional baseado na diversidade, é que as lideranças entendam os impactos concretos e tangíveis de se ter pessoas diferentes em seu ambiente corporativo. A palavra cultura deveria ser evitada como tradução da forma de pensar e agir de uma organização, porque cultura, sob o aspecto antropológico, é algo muito mais amplo e, sob o aspecto organizacional, muito mais restrito e estático.

Podemos assumir que cada empresa possui seu próprio ecossistema, onde cada pessoa assume seu papel dentro dele, oferecendo a esse modelo orgânico valores e atitudes próprias que o fazem vivo.

Impactos da diversidade

Algumas consultorias americanas resolveram traduzir o impacto da diversidade na estratégia das empresas. Um estudo realizado pela Mckinsey, em 2018, demonstra de forma quantitativa o impacto da diversidade nos resultados de uma organização.

Primeiramente, foi provado que existe uma grande correlação entre o quanto é diversa a liderança e os resultados dos últimos 3 anos.

Empresas que estão situadas no quartil superior com mulheres no time de liderança são 21% mais sucessíveis a terem melhores *performances* e rentabilidade. Ainda, empresas com mais mulheres em cargos de liderança são aquelas que também tiveram os melhores resultados financeiros.

E não é somente gênero: Empresas que estão no quartil superior por terem um grupo maior de diversidade eram 33% mais suscetíveis a estarem presentes no grupo de empresas com maior rentabilidade. Da mesma forma, empresas que estão no quartil inferior em gênero, raça e diversidade em seu quadro de liderança são 29% menos suscetíveis a estarem nos grupos de empresas que alcançam rentabilidade acima da média.

Dessa forma, percebemos que empresas que têm culturas diversas enriquecem suas decisões e sua forma de lidar com problemas no dia a dia, além de entenderem melhor seus consumidores. A diversidade na forma de pensar traz novas perspectivas para soluções, para discussões sobre o mercado e o consumidor e proporciona um ambiente mais rico e aberto ao posicionamento de novas ideias. Muitas empresas falam de diversidade no Brasil e no mundo, mas são poucas aquelas que fazem essa visão transpor a enraização de sua cultura.

Podemos quebrar paradigmas ao dizer que, quanto mais solidificada for uma empresa quanto a sua cultura e suas verdades, mais difícil será para ela se abrir ao novo e trazer a diversidade e a inclusão como elementos reais de seu ecossistema.

Inclusão

> *Diversidade é convidá-lo para a festa,*
> *inclusão é convidá-lo para dançar.*

Autor desconhecido

Após o entendimento de que a diversidade é algo mais amplo do que temos lidado até o momento, evoluiremos na discussão, trazendo ainda mais complexidade para essa estrutura.

Partindo do princípio que o primeiro passo é ter pessoas diversas, o segundo é incluí-las. Não basta a empresa ser diversa se ela não consegue ser inclusiva. E este é um desafio ainda maior, porque ele passa pelo conhecimento, e pela incorporação de hábitos e atitudes no dia a dia, que quebram barreiras tradicionais de convivência.

Ao falarmos de diversidade, abrimos um leque gigante de características que fazem uma pessoa diferente da outra, que vai muito além dos estereótipos preestabelecidos de uma cultura de diversidade. Isso nos faz criar um ecossistema rico, orgânico e mutante. Quanto mais diferente, mais diverso; quanto mais diverso, mais rica a interação; e quanto mais rica a interação, mais amplas as discussões. Assim, chegamos a infinitas possibilidades de ideias e soluções para desafios e aprendizados.

Agora, como incluir pessoas diferentes? Como fazer com que elas se sintam parte, mesmo sendo minorias e tendo pensamentos distintos?

São vários casos que acontecem no mundo corporativo todos os dias que reforçam o modelo mental de adequação de pessoas a uma cultura de iguais. Imaginem a história de um jovem com um *background* curioso, pois havia sido camelô, vendedor e sobrevivente e que, de repetente, se torna *trainee* de uma grande empresa. Um perfil bastante atípico para esse grupo de pessoas bem formadas que compõem, geralmente, o time de *trainees* das grandes corporações. Tornou-se um gerente, passou seus quase cinco anos de empresa tentando se provar como um bom gerente de marketing. Um belo dia, esse jovem pede demissão, mesmo precisando bastante do emprego, e segue para trabalhar em uma incubadora *de startup*. O que acontece? Ele voa. E passa então a prestar serviço como consultor de inovação e comportamentos esperados para profissionais de marketing do futuro.

Infelizmente, é isso que acontece quando tentamos colocar talentos e pessoas diferentes dentro de um mesmo formato organizacional sem a preocupação de incluí-los.

Podemos ver isso também quando são contratados ex-funcionários para prestar serviços, vendendo produtos que eles não tinham espaço para desenvolver dentro das organizações, propondo ideias novas que nunca passavam das primeiras reuniões de aprovação. São essas pessoas que me inspiram a trazer aqui o mito de Procusto, que fala sobre rejeitarmos aqueles que se destacam por não se encaixarem nos padrões preestabelecidos.

> O mito de Procusto, originário da mitologia grega, conta a história de Procusto que era um gigante morava numa colina e oferecia hospedagem para os passantes. O que parecia ser muito acolhedor, escondia uma história terrível. Procusto queria que todas as pessoas coubessem perfeitamente nas suas camas. Então ele esticava as pessoas menores e cortava as pernas das pessoas maiores. O mito de Procusto é uma metáfora a padrões preestabelecido de não valorização de pessoas que não se encaixam nesses padrões impostos por uma sociedade, por uma cultura organizacional forte e opressora, ou até mesmo por uma liderança frustrada, que se valoriza diminuindo ou julgando de forma irracional seus funcionários.

Armadilha para a inclusão

Quais são as armadilhadas organizacionais com as quais nos deparamos em uma organização que nos fazem estar menos propensos à diversidade?

Um sistema de avaliação de competências tradicional por exemplo, baseado na cultura e nos valores organizacionais, contribui para uma visão de dentro para fora, que classifica e avalia todos sob a mesma régua. Desta forma, todas as pessoas precisam se encaixar nesse mesmo padrão pré-formatado para dar mais resultados. São modelos que seguem algumas tendências temporais, mas nos quais nunca vemos grandes evoluções com o passar o tempo.

Outra armadilha muito comum são as campanhas internas de diversidade e inclusão. Apesar de ser um passo que não pode ser desprezado, elas ainda são muito segmentadas por causas e seguem o modelo "politicamente correto". Infelizmente, acabam sendo mais uma ferramenta de marketing para o mercado do que uma real abertura a diversidade.

A diversidade, assim como a inclusão, deve ser vista de forma mais ampla, passando pela necessidade de conhecimento, aceitação, valorização e inclusão dos diferentes. Todos os diferentes. Inclusive aqueles que são diferentes pela forma de pensar e agir.

O papel das lideranças

Todo grande movimento do ecossistema organizacional tem como princípio criar *sponsors* internos para essa transformação. Quanto mais seniores esses *sponsors*, maiores as chances de o modelo funcionar e ter espaço nas agendas e recursos disponíveis para a transformação. Não que não existam movimentos que surjam de camadas mais operacionais e que conseguem mudanças, mas estes requerem mais esforço, mais tempo e mais desgaste até tornarem-se relevantes. O movimento de trazer diversidade e inclusão para as organizações é um movimento do *board*, da presidência e do comitê executivo. Eles precisam entender os valores dessa caminhada, que não é óbvia, para que seus diretores, gerentes e colaboradores em geral se engajem e gerem transformação em suas áreas.

Primeiramente, é fato entender que as expectativas de um líder mudam com o tempo. Situações econômicas, políticas, demográficas fazem com que o que se esperava de um líder na década de 1980 seja completamente diferente do que se espera no momento atual. Entretanto, toda e qualquer transformação exige três grandes focos de um líder e isso, podemos dizer, é completamente atemporal.

Conhecimento, ferramentas e coragem

Qualquer líder, em qualquer tempo, se estiver munido destes três elementos, faz qualquer transformação acontecer dentro e fora de sua organização. A seguir, falaremos brevemente sobre cada uma delas dentro do contexto de diversidade e inclusão.

Um dos principais elementos para que um líder construa ecossistemas diversos e inclusivos é quando este líder inicia um processo básico de descoberta, de busca pelo conhecimento do seu grupo, de entender significados e modelos de atuação para que inicie um processo de engajamento e construção de comunidade. Construir comunidade a partir do conhecimento de sua população e de cada grupo de indivíduos é o primeiro passo para que as pessoas se sintam parte de algo maior, parte de um objetivo único que conecte pessoas e propósito.

Dessa forma, esse líder torna-se uma referência para aquela comunidade. Não para pessoas ou grupos, mas para uma comunidade que divide os mesmos propósitos.

Assim, conhecimento torna-se visão, estratégia e ações práticas que geram engajamento de toda a comunidade. É nesta hora que a diversidade inclui.

Pense nos times de futebol. O que faz pessoas tão diferentes se juntarem, torcerem juntas, se tornarem iguais ao vestir uma camisa? O senso de comunidade. Naquele momento, dentro de um estádio, não existem diferentes raças, níveis sociais, gêneros. Todos são torcedores daquele time e isso os aproxima, os tornam coesos. Importante reforçar que a comunidade não deve representar a maioria. Ela é algo novo, construído através da diversidade. Pessoas azuis não serão incluídas numa comunidade amarela e nem vice-versa. Uma outra comunidade tem de nascer com espaços igualitários para azuis e amarelos. Esta é a diferença. E processos de M&A são momentos riquíssimos para a inclusão, porque é nesse momento que se cria um novo espaço para todos.

Com isso, o conhecimento gera unidade, gera agrupamento de valores, propósitos e visão. Feito isso, vamos para o segundo elemento mais importante de uma cadeia diversa. É fundamental que o líder seja capaz de oferecer ferramentas de execução para o seu time. Metas atingíveis, estratégias, suporte, pessoas e recursos. O líder precisa nutrir a ambição e a expectativa do grupo. Esse é o ponto-chave para a obtenção de resultados.

E, por fim, vamos falar de coragem. Líderes têm coragem. Coragem de mudar, de acertar e errar. Veja que criar uma comunidade nova, coesa e ambiciosa tem seus desafios constantes e sempre existirá tensão, porque são pessoas diferentes, em um grupo diferente, construindo juntos valores e objetivos do todo. E, erroneamente, muitas organizações favorecem a minoria, fortalecendo segregações. O objetivo da organização é fortalecer essa nova comunidade, essa nova unidade que passa a existir. E essa tensão entre o todo e a minoria, estará sempre presente. O líder precisa de coragem, articulação, e cuidado para criar essa nova comunidade que gere uma conexão maior pelo propósito e pelos resultados, mas que respeite e valorize as origens de cada pessoa.

Quando trazemos isso mais especificamente em processos de M&A, podemos considerar que mais de 75% das empresas falham em seus objetivos principais, porque não são capazes de criar valor adicional a esse novo negócio, que passa ser um ecossistema completamente diferente daquele até então vivenciado pelas lideranças.

A implementação

Para finalizar, este capítulo se propõe a entregar um passo a passo para a implementação de uma estratégia de inclusão em um processo de fusão ou aquisição de novas empresas.

1. Inclua uma profunda e robusta análise de diversidade em processos de *due diligence*. Observe diferenças entre as empresas como um dos grandes ganhos desse processo. Identifique as diferenças, e não deixe que sua cultura organizacional rejeite os talentos e encoberte oportunidades.
2. Crie um processo estruturado de aprendizado que possa desenhar esse novo ecossistema e que seja competente para incluir e não reagir.
3. Elabore um processo de engajamento da liderança para que ela seja a protagonista em cuidar e reter novos estilos e talentos.
4. Desenvolva processos/ferramentas criativos e fáceis de implementar de pertencimento de todo esse novo ecossistema.
5. Crie objetivos claros, propósitos únicos e um modelo de governança e *scorecard* com métricas atingíveis e mensuráveis.
6. Crie um modelo de *feedback*, avaliação e retroalimentação do processo.
7. Permita-se errar. Isso estimula a coragem nas lideranças para as mudanças. Favoreça comportamentos disruptivos, espírito de comunidade e profissionais corajosos.
8. Valorize, reconheça, recompense pessoas que agreguem valor à sua comunidade e aos seus propósitos
9. Crie *cases* referenciais, assim sua comunidade passará a entender o que você espera dela.
10. E, por fim, transforme sua sociedade, gere discussões relevantes, fomente esse tópico na iniciativa privada, provoque políticas públicas conservadoras e seja uma referência no seu setor e no seu país de atuação.

Processos estruturados que gerem ricas interações oferecem novas possibilidades e novas expectativas paras as pessoas e os negócios. Uma organização próspera acolhe a diversidade, a inclui e faz com que todos, por mais diferentes que sejam, trabalhem em prol de um objetivo único e comum.

Referências

BURKHARDT, John C. *Leading for Equity, Diversity and Inclusion in Higher Education*. Disponível em: <https://www.coursera.org/learn/leading-for-equity-diversity-inclusion>. Acesso em: 01 de mar. de 2021.

GLADWELL, Malcolm. *Fora de série – Outliers*. Rio de Janeiro: Editora Sextante, 2013.

HUNT, V. et al. *Why diversity matters*. Disponível em: <https://www.mckinsey.com/business-functions/organization/our-insights/why-diversity-matters#>. Acesso em: 01 de mar. de 2021.

HUNT, V. et al. *Delivering through Diversity*. Disponível em: <https://www.mckinsey.com/~/media/mckinsey/business%20functions/organization/our%20insights/delivering%20through%20diversity/delivering-through-diversity_full-report.ashx>. Acesso em 01 de mar. de 2021.

JUNE, Sarpong. *Diversify*. HQ, 2017.

LORENZO, R.; REEVES, M. *How and Where Diversity Drives Financial Performance*. Disponível em: https://hbr.org/2018/01/how-and-where-diversity-drives-financial-performance>. Acesso em: 01 de mar. de 2021.

3

DISCIPLINA E EXCELÊNCIA OPERACIONAL NAS ORGANIZAÇÕES

Neste capítulo do GBG, os leitores irão se confrontar com os desafios colocados às altas lideranças de empresas que almejam a sustentabilidade de seus negócios. Conhecerão a metodologia sugerida pela WWin para alcançarem o sucesso por meio de ferramentas e práticas voltadas à atitude e ao comportamento das pessoas. Para desenvolver disciplina, atingir a excelência operacional e obter bons resultados em M&A, aumentando a assertividade, deve-se construir uma base sólida em segurança, meio ambiente e saúde. Esperamos que o texto sirva como um manual inspirador para a sustentabilidade das organizações e os processos de M&A.

EDUARDO SOARES GASTAUD

Eduardo Soares Gastaud

É empresário, proprietário da WWin (Workplace Safety) e formado em Engenharia (UCPel), com duas pós-graduações em Administração e Planejamento Estratégico (FGV-RJ), além de mestrado em Energia e Meio Ambiente (PUC-RS). Atua há mais de 20 anos na gestão de negócios de diversos segmentos de indústria. Aprimorou *expertise* internacional ao trabalhar em empresas multinacionais e, nos últimos 20 anos, vem se envolvendo de maneira estruturada diretamente no desenvolvimento de disciplina por meio da melhoria da cultura de segurança, meio ambiente e saúde (SMS). Como gestor, coordenador, consultor e educador empresarial, vem atuando no modelo de consultoria presencial, pelo qual já aplicou *coachings*, seminários, palestras, *workshops* e inúmeras atividades de suporte em campo, com mais de 5.200 participantes, abrangendo altas lideranças, grupo gerencial e força de trabalho de empresas nacionais e globais. Tem amplo conhecimento do processo de gestão e da metodologia para a implementação de projetos de controle de perdas em empresas, com o intuito de torná-las *benchmark* em seu segmento de atuação. Honors & Awards: Prêmio SuperAção do Presidente – DuPont SSMA Excellence Awards e Green Belt Six Sigma.

Contatos
www.wwin.net.br
eduardo@wwin.net.br
Instagram: @gastaudeduardo
LinkedIn: www.linkedin.com/in/egastaud

> *Uma experiência de vida...*
> *Se há um jeito de fazer melhor... Então faça!*
>
> Autor desconhecido

Maturidade e sustentabilidade nas organizações

Conceitos e fundamentos

Para que seja atingida a meta de maturidade e sustentabilidade, é preciso elevar a saúde, o meio ambiente e a segurança (SMS) a nível estratégico. Quando uma organização está expandindo suas operações, participando de processos de M&A, esse tipo de expansão e esse processo operacional constituem um desafio no tocante a:

- Aspectos do sistema de gestão.
- Requisitos corporativos, padronização básica.
- Compartilhamento das boas práticas e aprendizados.

Seu plano estratégico incluirá, obrigatoriamente, a busca de excelência em sua gestão de segurança, saúde e meio ambiente, bem como em seu desempenho operacional tanto em relação aos ativos quanto aos projetos, razão pela qual a empresa deve investir muitos esforços e recursos. São axiomas irrevogáveis:

> *Não existe excelência operacional sem excelência em SMS.*
> *Onde existe excelência em SMS, há excelência operacional.*

O alto nível de desempenho organizacional atingido pelas empresas não envolve uma história de sucesso acidental. Níveis de excelência e de *perfor-*

mance são resultados de sistemas de gerenciamento e de desenho de organizações estruturadas, que enfatizam a liderança visivelmente comprometida e a responsabilidade da linha em atingir objetivos de alto desempenho.

O gerenciamento eficaz de SMS e do desempenho operacional envolve sistemas para identificação contínua de desvios; revisão das necessidades; determinação das ações apropriadas; correção; acompanhamento; alterações; análise; e auditoria.

Esses sistemas vêm sendo desenvolvidos e aperfeiçoados ao longo de décadas em diversos segmentos de operações contínuas em busca da excelência absoluta no desempenho organizacional em alto nível.

Abordagem conceitual

A aplicabilidade da abordagem dos sistemas de gerenciamento pelas empresas de diversos segmentos, como petroquímicas, químicas, automotivas, de mineração, de agroindústria, de alimentação, de siderurgia, indústrias do petróleo, de produção de energia elétrica e de construção civil, tem sido demonstrada através de áreas de negócios estruturados, das operações de M&A, que tem grande utilização nesses segmentos, e isso trará bons proveitos se as crenças que descreveremos a seguir se efetivarem.

Quatro crenças básicas fundamentam a abordagem conceitual para a excelência em SMS, a saber:

Compromisso visível da liderança

O exemplo vem da liderança: as ações da alta gerência demonstram o significado operacional da política corporativa e dos padrões operacionais.

Somente quando sua liderança é comprometida com os mais elevados padrões de desempenho e, visivelmente, demonstra esse compromisso – líderes treinados e capacitados, que fazem visitas a campo para observar atos e condições inseguros – a organização será capaz de assimilar os valores culturais que sustentam altos níveis de desempenho de SMS.

Responsabilidade da liderança e linha organizacional

A responsabilidade pela execução da política de SMS e dos objetivos organizacionais recai sobre a linha.

A liderança precisa manter cada indivíduo na linha organizacional, responsável e cobrado pela performance de SMS, à qual deve ser dada a mesma prioridade que à produção, aos custos, à qualidade e aos prazos.

Foco nas pessoas

Os padrões de SMS devem focar no comportamento e nas ações das pessoas. Segundo experiências mundiais, mais de 90% de todas as perdas são resultados de falhas gerenciais e do comportamento humano.

O gerenciamento eficaz do desempenho de SMS tem como alvo as pessoas e suas ações em relação à conformidade aos procedimentos, aos regulamentos, aos processos mecânicos, às condições físicas e à capacidade intrínseca em continuamente identificar, analisar e minimizar a exposição aos riscos e às falhas.

Sistemas de auditorias sistêmicas e comportamentais

Sistemas de auditorias são meios pelos quais a gerência confirma o cumprimento dos padrões estabelecidos e identifica eventuais desvios a serem corretamente administrados. Programas de auditoria eficazes incorporam auditorias gerenciais, de especialistas e comportamentais, além de outras técnicas para identificar comportamentos e condições que se desviam dos parâmetros esperados.

As auditorias devem ser consideradas ferramentas não só para identificar desvios, mas também meios de enfatizar padrões, mostrar compromisso e detectar cultura e comportamento.

Os estudos de Herbert Heinrich, na década de 1930, e de Frank Bird, na década de 1960, resultaram na pirâmide de acidentes a seguir:

ESTUDO DE PROPORÇÃO DE ACIDENTES

O estudo estatístico original foi desenvolvido nos anos 1930 por Herbert William Heinrich, pioneiro da segurança ocupacional, norte-americano, que apresentou a pirâmide para ilustrar um conceito de seu livro *Industrial accident prevention: a scientific approach*, de 1931. Nos anos 1960, Frank Bird Jr., diretor de engenharia de uma empresa de seguros, interessou-se pela teoria de Heinrich e ampliou os estudos indicados no livro, analisando 1.753.498 acidentes relatados por 297 empresas de 21 tipos diferentes de indústrias, totalizando mais de três bilhões de horas de exposição ao risco.

Os processos e metodologias de trabalho necessários à implementação dos projetos e da mudança de aspectos culturais observam a seguinte abrangência e devem estar presentes nos processos de M&A: Segurança, Saúde e Meio Ambiente (SMS) considerados e incluídos na estratégia de negócio da organização.

O primeiro passo será o de trabalhar com sua liderança, avaliando o plano estratégico com o objetivo de assegurar que os compromissos estabelecidos incluam valores e políticas corporativos nas áreas de SMS, possibilitando o compromisso visível da organização e dos líderes e, também, o aprimoramento das políticas de SMS.

O resultado dessa fase é uma estratégia de longo prazo, com a claridade do compromisso visível da liderança com metas e objetivos de SMS.

Nas organizações, quando são implementadas mudanças – e nisso são incluídos os processos de M&A –, é importante verificar os níveis de adesão, pois é possível encontrar pessoas aderentes ou não tão aderentes. O grupo dos aderentes imediatos geralmente representa um percentual pequeno do total – semelhante ao dos que são completamente refratários. Os mais ou menos aderentes são uma parcela mais significativa, oscilando entre os dois polos opostos. Isso demonstra o esforço a ser despendido pelas lideranças para alcançar o resultado almejado.

Mas precisamos ter cuidado com o preconceito: o não aderente de hoje poderá ser o maior aliado quando cooptado. O mais importante é termos uma liderança sempre presente e atuante. Sim, presente e atuante.

Suporte no aprimoramento do sistema de gestão integrado de SMS da organização – especificação e metodologia

Esta seção considera o desenvolvimento e a transferência de conhecimento, e sua implementação em um prazo que varia de 3 a 5 anos corridos contados a partir da data de início efetivo e formal das atividades.

O diagrama a seguir ilustra como as organizações consideram apoiar suas lideranças no processo de aprimoramento de seu sistema de gestão de SMS e em seus processos de M&A, por meio do conhecimento e da experiência de gestão, alinhados a um processo de transformação, levando a mudanças positivas na força de trabalho para alcançar seus objetivos.

O modelo de transformação considera as seguintes dimensões nessa transferência de conhecimento:
- Organização
- Processos
- Pessoas
- Tecnologia

Ele atua nas seguintes etapas:
- Etapa 1 – Avaliação do conhecimento das dimensões e atividades relacionadas existentes.
- Etapa 2 – Desenho de visão futura.
- Etapa 3 – Planejamento da transição.
- Etapa 4 – Implementação de mudanças e acompanhamento.

As operações de M&A aumentarão seu êxito se contemplarem o esforço em seu escopo, indicado resumidamente no quadro a seguir, em etapas:

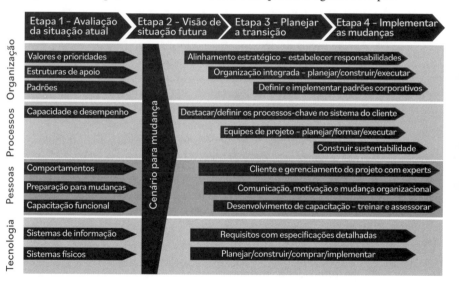

1ª etapa – avaliação da situação presente através de diagnósticos (*assessments*)

Avaliação do sistema de gestão de SMS e da cultura de SMS

A metodologia a ser empregada na avaliação consiste na aplicação de protocolos específicos por equipe treinada em processos de avaliações nas organizações (com visão de proprietária e operadora de plantas industriais) e em outras companhias de grande porte, com formação diversificada para:

- Avaliar estratégias existentes e estabelecer objetivos de longo prazo na organização.
- Viabilização ou não das operações de M&A.
- Gestão sistêmica de SMS.
- Abordagem comportamental em SMS.
- Segurança de processos e análise de riscos.
- Segurança de equipamentos e instalações.
- Procedimentos de trabalho seguros.
- Proteção ao meio ambiente.
- Medicina ocupacional e promoção de saúde.
- Gerenciamento de treinamento.
- Planejamento e controle de emergências.

O processo de avaliação consiste em

- Análise prévia de documentos e informações.
- Planejamento dos trabalhos de avaliação.
- Alinhamento com a liderança.
- Pesquisa de cultura de segurança.
- Entrevistas com gerentes e supervisores.
- Observação de pessoas e equipamentos.
- Interação em campo com supervisores, empregados e contratados.
- Análise dos programas e práticas de gestão.
- Registros fotográficos.

Ao final, esse processo irá indicar

Pontos fortes

- Oportunidades de melhoria.
- Conclusões sistêmicas.
- Recomendações – de modo a qualificar o nível de adesão às normas e aos padrões esperados.
- Parâmetros decisórios de M&A.

Pontos importantes para as etapas seguintes

- Produzir subsídios para elaborar e/ou ajustar o cronograma de atividades para implantação do sistema de gestão integrado de SMS da organização.
- Identificar e priorizar os itens críticos (*quickwins*) em SMS para resultados rápidos em algumas atividades críticas.
- Referenciar o estágio inicial da implementação para permitir a mensuração periódica e a verificação do progresso.

2ª etapa – elaboração/validação do sistema de gestão integrado de SMS

Suporte no Sistema de Gestão de SMS da organização

No início da fase de implementação, ou ainda durante a fase de diagnóstico, as empresas aportarão seu conhecimento e sua tecnologia na elaboração do **Sistema de Gestão de SMS**. A análise deverá levar em consideração a política e os princípios de SMS, assim como a sinergia com os sistemas certificados existentes na organização, indicada resumidamente a seguir:

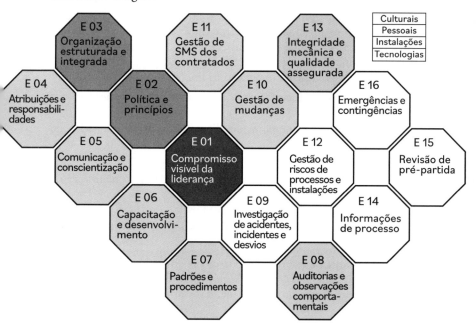

Produto desta etapa:

Sistema de gestão de SMS (composto de elementos de gestão) definido e validado pela organização.

Pontos importantes para as próximas etapas:

- Base para alinhamento da organização.
- Visão e missão de SMS em ações transformadoras e visíveis.
- Excelência.
- Padrões (*guidelines*) de SMS da organização.
- Cronograma de atividades requeridas para implementação com êxito.

3ª etapa – planejamento da transição cultural em SMS

Definição do cronograma detalhado de implementação

Com os subsídios dos diagnósticos iniciais, mais a inclusão de SMS em nível estratégico nos objetivos de longo prazo da organização (estratégia de negócio, incorporando políticas e compromisso em SMS), deve ser elaborado um cronograma detalhado de implementação de atividades de SMS.

Tal cronograma contemplará as atividades complementares requeridas para atendimento dos elementos sistêmicos. Nele, as ações de curto prazo com maior impacto e retorno (*quickwins*) serão consideradas prioritárias, e as ações de caráter sistêmico serão encadeadas no tempo em uma sequência lógica.

Uma vez elaborado o cronograma de implementação, ele será:

- Apresentado e discutido com a liderança para interação com o plano de trabalho.
- Comprometido em perseguir diligentemente os resultados do projeto.

Ainda, durante o período do projeto, é possível a atualização do cronograma quando se fizer necessária.

Definição e implementação de estratégia para a transição cultural em SMS

A maior riqueza que uma corporação pode almejar é justamente a cultura de bloqueio dos desvios laborais. Quando todos os colaboradores alcançam esse grau de maturidade, transformam-se em guardiões, e os resultados positivos sustentáveis em termos de produtividade, motivação, imagem e lucratividade virão a reboque.

Um guardião não se faz do dia para a noite – leva muito tempo. Porém, sua sobrevivência depende desse investimento e de muita disciplina. Quando uma empresa tolera desvios, põe em risco toda uma organização. E só identificá-los não basta: é preciso tomar uma atitude, agir sobre eles. Apenas com muito esforço será possível bloqueá-los. Esse é o momento de contingenciar esforços.

Entendendo que foi identificada a necessidade de mudança cultural no âmbito de segurança, saúde e meio ambiente e, como qualquer outro tipo de mudança, ela afetará a organização como um todo – incluindo os processos de M&A –, haverá a demanda por uma abordagem diferenciada.

A estratégia para a mudança será implementada por meio da:

- Transferência do conhecimento.
- Interação dos especialistas com os vários níveis hierárquicos e em todas as áreas de abrangência desse projeto.

Isso se dará desde a estratégia de negócio.

Da presidência à força de trabalho, com enfoque especial na linha organizacional e nos grupos de trabalho voltados à efetividade desse processo.

As ações específicas a serem realizadas pela organização, a fim de alavancar e dar sustentabilidade à mudança cultural em SMS, são identificadas a seguir:

- Seminários de sensibilização para a alta liderança.
- Comunicação do projeto e de seus objetivos à organização pela liderança.
- Comunicação periódica dos avanços do projeto e de temas específicos de SMS para toda a organização, mantendo-se o foco e o destaque necessários.
- Definição de facilitadores e *sponsors* do projeto e de processos críticos de SMS.
- Seminários de treinamento para liderança, linha organizacional, profissionais de SMS e demais empregados (pela área da empresa ou via multiplicadores).
- Liderança sendo exemplo em SMS e demonstrando compromisso para a força de trabalho, através de sua participação nas atividades de SMS e do projeto.

- Atividades do projeto protagonizadas, em sua maioria, pela linha organizacional, de modo a acostumar a organização com a mudança de paradigma, sob o qual a área de SMS seria responsável por conduzir projetos de SMS.

Em complemento a essas ações específicas, outras de ordem sistêmica e operacional são apresentadas nos itens seguintes. Porém, cabe ressaltar que todas essas ações devem ser consideradas para o bom andamento do projeto, promovendo avanço e sustentabilidade no processo de mudança cultural em SMS, em busca do estágio de interdependência, conforme demonstra a curva de Bradley a seguir.

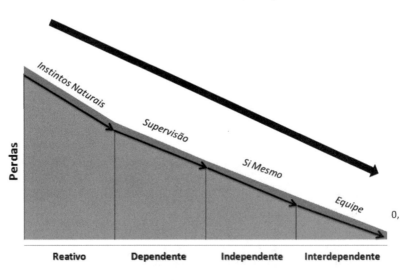

Curva de Bradley[1] – evolução da cultura em SMS.

Produtos dessa etapa:
- Cronograma de implementação do projeto definido e validado com a liderança da organização.
- Ações de envolvimento da liderança e força de trabalho e comunicação organizacional eficaz.

---

[1] A curva de Bradley foi idealizada na empresa DuPont, por um diretor de manufatura chamado Vernon Bradley, a fim de expressar sua experiência na jornada para atingir perda zero, o que dá muito respaldo aos processos de M&A nas empresas em expansão organizacional.

Pontos importantes para a próxima etapa:

- Organização e encadeamento das atividades do projeto, facilitando o planejamento e o controle das ações.
- Obtenção de compromisso dos envolvidos logo no início da implementação, através do conhecimento do cronograma.

As ações ligadas à mudança cultural são cruciais para o desenvolvimento do projeto, no que tange às novas abordagens, aos conceitos e às responsabilidades que serão gradativamente aportados pelo projeto.

4ª etapa – implementação de ferramentas sistêmicas e operacionais

Aprimoramento do sistema de gestão de SMS de qualquer organização

Essa etapa demonstra claramente como é preconizada a busca de assessoria na implementação de ferramentas sistêmicas de gestão de SMS e de operações em M&A. O escopo de atividades apresentado já incorpora, em sua elaboração, parte da metodologia que será usada, sobretudo quando posiciona essas atividades ao longo do tempo e subdivide algumas delas em etapas. Isso proporciona a implementação das atividades em uma ordem que facilita a realização delas segundo um encadeamento lógico, considerando predecessores, bem como a fixação dos conceitos e das práticas implementadas pela organização.

Mapeamento de processos de SMS (*as is*) e proposição de novo modelo (*to be*)

- Contextualização com os demais processos de SMS com base nas práticas atuais (*as is*).
- Identificação de oportunidades de melhorias nos processos atuais, visando à otimização, ao redirecionamento/aprimoramento de abrangência, ao foco ou à efetividade nas operações de M&A.
- Proposição de novo modelo para cada processo de SMS e M&A analisado (*to be*).
- Desenvolvimento de uma cesta de indicadores proativos, *in addition* aos indicadores reativos existentes.
- Apontamento de vantagens e atributos desse novo modelo.

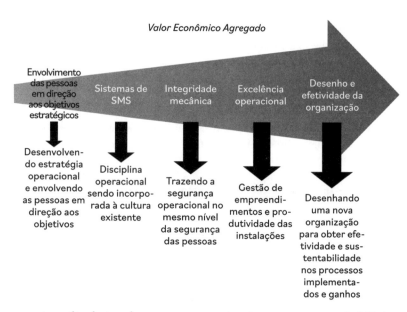

A *análise de risco de processo* nas organizações e nos processos de M&A ocorre quando as empresas e organizações elaboram os projetos e suas instalações e consideram, nessa fase, os perigos e riscos que existirão nesse tipo de indústria e em suas instalações industriais. Já a *análise de tarefas e procedimentos* é quando as empresas avaliam mais especificamente os riscos das tarefas, dos procedimentos e das regras e dos padrões. A percepção individual de risco se manifesta quando quem trabalha analisa continuamente riscos e consequências de cada novo passo.

A maioria das organizações enfrenta essa realidade: de que adianta ter inúmeros controles e regras se as pessoas não perceberem que devem segui-las?

Avaliações da eficácia

- Elaboração de ferramenta de avaliação da aderência aos requisitos do sistema de gestão de SMS.
- Identificação de itens objetivos para avaliação da implementação e da aderência aos requisitos do sistema de gestão de SMS.
- Suporte no desenvolvimento de *checklists* para sistematizar a avaliação de aderência.
- Avaliação periódica do sistema de gestão de SMS, com protocolo das alavancas sistêmicas.

Produtos desta etapa:

- Sensibilização e treinamentos da liderança, dos supervisores e do público-alvo envolvidos no novo modelo de gestão de SMS.
- Atividades previstas para o período do projeto, implementadas com o apoio dos especialistas da empresa.
- O know-how adquirido em mais de 20 anos de apoio aos parceiros/clientes autoriza a transferência da metodologia apresentada e, assim, o auxílio na agregação de valor.

Importância para a maturidade, a sustentabilidade e o sucesso

Com todas essas atividades estratégicas implementadas durante o período do projeto, a estrutura de gestão de SMS e seus controles estarão definidos, facilitando o progresso e a melhoria contínua em busca dos padrões de excelência desejados pela organização.

É uma decisão estratégica a ser tomada pelas altas lideranças das organizações se desejam perpetuar suas empresas e terem sucessos em M&A, não cedendo lugar para a concorrência – a gestão comportamental é parte dessa jornada de sucesso!

4

DE DONO A INVESTIDOR

Qual é o passo a passo para transformar uma empresa de sucesso em uma dinastia? Entre dicas e explicações a respeito do comércio mundial e das tendências sociais, a resposta correta subsiste debaixo de nossos tetos: em nossa família. Veja como o elo econômico e seus familiares formam uma liga inquebrável perante às instabilidades financeiras.

ERON FALBO

Eron Falbo

É um gestor de patrimônio que fez sua carreira em instituições financeiras dos EUA, da Suíça e do Brasil. Foi diretor da Fortune Group, Suíça, e sócio da GGP, Family Office do Banco Brasil Plural. Hoje, ele presta consultoria de negócios de M&A, investimentos líquidos, imobiliários e arte para seus clientes, que são famílias com grandes fortunas. Especializou-se em profissionalização familiar.

Contatos
www.eronfalbo.org
eron@falbos.org

Um dos primeiros relatos de investidores no mundo antigo vem da Bíblia. Quando Jacó se mudou para o Egito a fim de morar com seu filho, José, que virou o vice-rei, ele levou consigo seu rebanho de ovelhas. A Bíblia então relata que Jacó e seus filhos eram considerados muito ricos por terem um grande rebanho de ovelhas. Como na época não existia mercado financeiro, a forma pela qual se poupava recursos "líquidos" era através da pecuária. Com um grande rebanho, podia-se comprar terras, casamentos e posições na corte. Fazendeiros eram donos, e pastores eram investidores. Um pastor rico podia, se quisesse, se tornar fazendeiro imediatamente, trocando algumas ovelhas por terras. Mas um fazendeiro não conseguia vender sua fazenda com tanta facilidade, e ainda tinha que aprender a lidar com a pecuária.

A vantagem do investidor sobre o dono também é ilustrada com outra história da Bíblia, a de Jacó com Labão. Apesar de Labão ser o dono das terras, Jacó, por saber manipular o cruzamento das ovelhas, se tornou muito mais rico e poderoso do que Labão. Ainda, pela liquidez e pela flexibilidade de seus ativos, ele pôde fugir de Labão e manter todo seu poder. Por essa agilidade e outras virtudes, Deus deu o nome "Israel" a Jacó e, com seus 12 filhos, ele deu origem ao povo que inventou o mercado financeiro e hoje predomina nele.

A principal distinção entre um dono e um investidor é a agilidade. Um investidor não se compromete com a barriga no balcão. Se há sinais de perigo, ele pode muito mais facilmente vender seus ativos e pular fora do barco. Ele pode trocar o mediano pelo favorável, o duvidoso pelo certo. Por causa dessa agilidade, as maiores fortunas do mundo, hoje, vêm do mercado financeiro. Pode-se fazer muito mais dinheiro (e muito mais rápido) no mercado financeiro do que em qualquer outro setor.

Enquanto isso, o empresário, dono de uma só empresa, está correndo um risco gigantesco pela falta de diversificação. Meu tio-avô, Eron Alves de Oliveira, cometeu esse erro e quase perdeu toda sua fortuna.

Ele foi aconselhado, por advogados tributaristas, a colocar todos seus ativos no nome de sua empresa, a Comabem. Ou seja, foi de investidor, dono de várias empresas, para dono de uma empresa só, mesmo que bem maior. Então, um homem que já foi dono de mais de 300 lojas, hotéis, uma marca de água mineral, canal de televisão, agência de turismo e mais, correu risco por uma só indústria: a de ticket de alimentação. Bastou chegar uma empresa estrangeira maior e mais poderosa para quase eliminá-lo de todos os mercados ao mesmo tempo.

Se ver como investidor, acima de dono de empresa, é, além de tudo, uma proteção. Mesmo assim, a longo prazo, um investidor consegue sempre ganhar mais. Todo empresário acredita que ele dominou sua fórmula e vai sempre ganhar dinheiro como ganhou no auge; haverá tempos de vacas gordas e vacas magras, mas sempre haverá vacas. Só que, historicamente, não é isso que vemos. As leis mudam, as tecnologias mudam, as pessoas ficam cansadas e a "pegada" do *business* se torna outra, vai para a mão de outros.

Por isso, as famílias que conseguem manter fortunas durante gerações tendem a ser aquelas que se enxergam como investidoras e não como donas de uma empresa específica. Muitas vezes, famílias como a Johnson, da Johnson & Johnson, ou a Rothschild, do banco Rothschild & Sons, são donas de outros ativos que pagam bem mais do que suas empresas originais. As empresas originais, em muitos casos, são mantidas por tradição, ou até mesmo são vendidas inteiramente, mas a família já se tornou bem maior e mais profissional do que só um negócio.

Brasão da família Rothschild

Além da empresa familiar

A empresa familiar é uma conquista e tanto. Traz a consolidação da família, oferece um plano de carreira e um propósito para as gerações seguintes. Proporciona um senso de proatividade diante do mercado e não de meros consumidores. Se fosse possível, toda família deveria ter uma empresa para ter esse projeto conjunto ao qual se dedicar e do qual se orgulhar.

Quando uma empresa cresce, o dono vai percebendo uma necessidade de profissionalizá-la. Tudo não pode mais depender só dele. É necessário se conformar com moldes mais sofisticados do mercado, de tributação, de legislação. É, ainda, necessário simplificar o modelo de negócios para replicar e expandir. Delegação vira um desejável desafio. Com a profissionalização de sua empresa, o dono vai se tornando cada vez menos dono e mais investidor. Ele vai dando as rédeas para administradores profissionais e passa a participar só de decisões estratégicas.

Conheça meu amigo EDDI (empregado, diretor, dono, investidor). Essa é a tendência natural das coisas. Começamos a ganhar experiência de mercado sendo empregados. À medida que ganhamos a confiança dos tomadores de decisão, nos tornamos parte da diretoria. Finalmente, podemos ser sócios-proprietários, ou fazer nosso próprio *business* do zero. Viramos donos, ou empresários. À medida que nossa empresa amadurece e consegue caminhar com suas próprias pernas, podemos optar por sermos investidores, que é o degrau mais alto de participação nos mercados:

> *É importante dar uma nação melhor a seus filhos, mas é mais importante dar filhos melhores para a nação.*
> Carlos Slim, um dos homens mais ricos do mundo.

A família profissional

Muitos investidores mantêm suas empresas ligadas a – e fazem como meu tio-avô – uma empresa guarda-chuva, ou holding, que é proprietária de outras empresas. Quase sempre há um setor principal, a fonte das vacas mais gordas do momento. Muitas vezes, é feito dessa forma porque o investidor não se vê, nem vê sua família, como uma entidade importante, um *player*, do mercado.

No começo do século 20, grandes famílias de banqueiros e magnatas do petróleo começaram a perceber que suas famílias compravam e vendiam ativos. Empresas mudavam de nome, diversificavam em outros setores e, portanto, suas famílias eram a única coisa que ligava todos os seus ativos – irmãos eram CEOs, primos eram diretores. Além do mais, todo esse patrimônio construído se diluiria imediatamente se não fossem treinados sucessores para carregar a tocha a outra geração. Por isso, foram criados os primeiros escritórios chamados de *family office*. Com os *family office*, famílias se tornaram bem mais importantes do que seus ativos. Elas passaram a se profissionalizar, se organizar para durar várias gerações.

Fortunas duradouras

Um dos filósofos mais celebrados da história é o sábio grego Sócrates. Se tivessem que imaginar quais foram suas últimas palavras, muitos chutariam algum segredo da alma, uma forma platônica secreta ou algo muito simples, porém profundo. Mas suas últimas palavras foram: "Estamos devendo um galo para Asclépio, não deixe de pagá-lo!". Ou seja, em seus últimos momentos, o sábio estava preocupado em deixar sua casa em ordem, sem dívidas.

A melhor maneira de crescer pessoalmente e com sua família é com calma, mas sem tirar o olho do objetivo. O objetivo final é uma família sábia, organizada, unida e saudável que se mantenha assim por várias gerações. Poder dar para os netos uma estrutura estável, princípios, lições e recursos para florescer e crescer ainda mais que você é, talvez, a maior benção que exista. Sair deste mundo com seus assuntos em dia é algo relativo ao tamanho do homem ou da mulher que você é. Quanto mais poder e recursos alguém tem, mais complicado é manter todas as pontas amarradas.

Pergunte-se: seus netos estão seguros? Eles têm recursos e acesso aos conhecimentos necessários para não passar por apuros, para não colocar sua linha sanguínea em risco de extinção? Essa pergunta arrepia até os homens mais poderosos do mundo, porque dinheiro só resolve problemas mais imediatos. Fortunas estão sujeitas a várias ameaças que vão além de recursos financeiros: governos gananciosos, familiares agregados oportunistas, filhos sem preparo, crises financeiras, golpes de Estado, entre muitas e muitas outras.

Por isso, não basta formar uma empresa muito bem estruturada. É fundamental constituir uma família mais profissional do que qualquer empresa. Por trás de todo país, empresa e qualquer tipo de instituição estão uma ou poucas famílias. São as famílias as detentoras de todo o poder real do mundo.

Nos EUA e na Europa, mesmo falando nas fortunas menores de até 5 milhões de dólares, mais de 80% delas estão com algum *family office*. No Brasil, esse número é menor que 14%. Por isso, nossas famílias se fragmentam com o passar do tempo, e é difícil ouvir nomes por aqui

58 | GBG

com o mesmo peso de Rockefeller e Kennedy. Mas temos Safra e Moreira Salles, e pode ter certeza de que aqueles que os carregam não têm só bancos, também têm seus *family offices*.

Independentemente de acabar de ter seus bebês, como eu, e estar ralando a fim de contribuir com sua parte para o patrimônio de sua família, ou se já é avô e está com uma bela conta em um dos bancos da família Safra, é decisivo enxergar sua entidade familiar como o centro de toda sua fortuna, presente e futura. Empresas vão e vêm. Seu maior legado está em sua família, não importa quantos seguidores você tem no Instagram. Todos sabem que a influência mais profunda atua entre as pessoas mais próximas de nós, entre aquelas que seguem nosso exemplo bem de perto.

Devemos então alimentar essa família, esse patrimônio. Para isso, hoje em dia, é crucial aprender a navegar no mercado financeiro. Sua empresa (ou empresas) pode estar em tempos de vacas gordas. E, quanto mais gordas as vacas, mais ovelhas devemos comprar. Assim como Jacó, nas passagens da Bíblia, temos que assegurar nosso patrimônio com dois tipos de princípios: o domínio do mercado financeiro, que endossa recursos para as gerações posteriores; e princípios milenares de sabedoria, que garantem que seus netos se orgulharão de manter o mesmo sobrenome que você. O mercado financeiro é fluido o suficiente para blindar o patrimônio. Quanto mais investidora for a família, mais segura ela estará. É muito bom ser dono, dono de sua empresa, dono de seu palácio. Mas é importante não depositar toda sua esperança em um só lugar, em um castelo de areia que pode facilmente ser derrubado pela maré. Para isso, devemos pensar como investidores primeiro, e depois como donos.

5

OS FUNDAMENTOS POR TRÁS DAS TRANSAÇÕES DE M&A

Neste capítulo, abordaremos os fundamentos por trás das transações de M&A, o motivador principal que é comum à maioria das transações e é necessário para que elas sejam viáveis economicamente. Separamos este capítulo em três tópicos: 1) os fundamentos; 2) estudo de caso; e 3) as fases de um processo estruturado de M&A e suas melhores práticas.

FABIO PAGLIUSO

Fabio Pagliuso

É sócio-fundador da ATL CAPITAL, uma assessoria financeira especializada em processos de M&A com operação no Brasil e nos EUA. Antes de fundar a ATL CAPITAL, Fabio foi *head* de Investimentos na Inseed Investimentos, assessorando o fundo em investimentos em empresas no setor de tecnologia e inovação. Anteriormente, atuou na Cypress Associates e Pactor Finanças Corporativas, duas das maiores assessorias de M&A no Brasil, onde liderou dezenas de transações de *M&A sell side, buy side, joint ventures* e laudos de avaliações (*valuation*) de empresas. Fabio também é fundador do Instituto M&A na Prática, uma escola de negócios e finanças que oferece treinamento prático de *valuation* e modelagem financeira para formação de profissionais de M&A e *private equity*. É bacharel em Ciências Econômicas pela PUC-SP, com extensão em Modelagem Financeira pela NYSF.

Contatos
www.atlcapital.com.br
www.manapratica.com
fabio@atlcapital.com.br

Os fundamentos por trás das transações de M&A

Transações de M&A existem e se tornam mais numerosas a cada dia por diversos motivos e teses de investimento, como aumento de *market share*, redução de concorrência, melhoria de eficiência, expansão geográfica, ampliação de portfólio de serviços/produtos e apropriação de tecnologia, que justificam uma transação de M&A. Mas o que vou abordar neste capítulo é o fundamento principal por trás das transações, o motivador principal que é comum à maioria das transações e é necessário para que elas sejam viáveis economicamente. Vamos iniciar, então, com um simples cálculo matemático como analogia, visando ao resultado da equação: 1+1=?

Matematicamente, é óbvio que o resultado para a equação anterior é dois, mas, em M&A, os fundamentos não são tão óbvios como em um simples cálculo matemático; a complexidade vai muito além. Podemos dizer que o fundamento principal comum à maioria das transações de M&A se justifica quando 1+1>2. Isso quer dizer que, em outras palavras, uma transação de M&A é viável economicamente quando duas empresas, juntas, valem mais do que separadas, ou seja, a transação de M&A gerou ou criou valor para ambas as empresas.

Essa geração de valor em uma transação de M&A é também comumente chamada no mercado de "sinergia", que nada mais é que o valor criado após uma transação ou o valor adicional gerado por uma transação que supera o valor das empresas separadas.

O objetivo, então, em transações de M&A terá como seu principal fundamento a geração de valor, e isso pode ocorrer de diversas maneiras. Vamos exemplificar as três mais óbvias no gráfico a seguir:

Fabio Pagliuso | 63

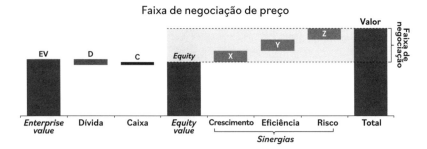

O gráfico acima mostra o valor de uma empresa (EV – *enterprise value*) na primeira coluna.

Ao subtrairmos sua dívida (D) e somarmos seu caixa (C), chegamos ao *equity value* (valor das ações ou quotas – trata-se do valor líquido do negócio para os sócios).

O *equity value* é então o valor das ações, é o quanto aquela empresa vale para seus sócios antes de uma transação de M&A.

Avançando para a próxima coluna, é onde entramos na geração de valor em uma transação de M&A. Vamos supor, então, que essa empresa esteja negociando sua venda para outra empresa; então, teremos as três colunas que exemplificamos como as mais óbvias sinergias ou pontos de geração de valor em uma transação de M&A, que são:

Crescimento: a sinergia ou geração de valor no crescimento ocorre quando as duas empresas, juntas, passam a faturar mais do que separadas por diversos motivos. Por exemplo, se ambas tiverem serviços complementares, de modo que, ao se juntarem, terão um portfólio de serviços mais amplo para oferecerem aos clientes de ambas – ou seja, a empresa A oferece seus serviços também para os clientes da empresa B, e a empresa B passa a oferecer seus serviços também para a carteira de clientes da empresa A. Nesse exemplo, as empresas não prospectaram novos clientes, apenas passaram a oferecer um portfólio de serviços adicional a seus clientes, o que não ocorria com as empresas separadas. Então, operando juntas, elas conseguem obter um incremento de seu faturamento, gerando mais valor para a empresa resultante da união das duas.

Eficiência: a geração de valor na coluna seguinte se refere a uma melhor eficiência gerada pela união das empresas, de modo que a empresa compradora consegue absorver parte dos custos da adquirida, resultando em uma melhor rentabilidade após a união, o que não acontecia com as empresas separadas. Um exemplo clássico seria de redução de estrutura, uma vez que, na união das empresas, não é necessário ter duas áreas financeiras, duas áreas de RH e assim por diante, podendo uma absorver parte da estrutura da outra, resultando em uma empresa mais enxuta e mais rentável. Outro exemplo óbvio é a de compra de matéria-prima em indústrias que possuem os mesmos insumos. A empresa de maior porte, que atua como compradora, costuma ter melhores condições negociais com os mesmos fornecedores da empresa adquirida ou melhores fornecedores e, ao juntarem suas operações, os insumos passarão automaticamente a ser comprados pela melhor negociação entre as empresas, resultando em custos menores e consequente melhoria de rentabilidade.

Risco: a terceira coluna se refere à geração de valor resultante da redução do risco do negócio na união das empresas. Toda empresa envolve um custo de oportunidade e um risco associado que são refletidos em seu custo de capital, e o valor de uma empresa é o resultado de seu fluxo de caixa projetado trazido a valor presente a uma taxa de desconto que é seu custo de capital. Quanto maior o risco do negócio, maior é o custo de capital e menor é seu valor; dessa forma, uma empresa grande costuma oferecer um risco menor do que empresas menores e, na união das empresas formando uma empresa maior, temos como resultado uma possível redução de risco e, consequentemente, de seu custo de capital, aumentando o valor da empresa resultante da união das duas companhias.

Ao analisar o gráfico, podemos também concluir que o valor de uma empresa é relativo, ou seja, depende do agente que a está avaliando. Podemos calcular o *valuation* de uma empresa individualmente e chegaremos a um resultado, mas, quando avaliarmos a mesma empresa sob a ótica de uma empresa maior e complementarmos com a intenção de adquirir a primeira empresa, teremos outro resultado. Na ótica da empresa compradora, ela poderá se apropriar de sinergias, ou seja, a mesma empresa vale mais na ótica dos compradores do que na dos vendedores.

Isso significa que um empresário pode vender sua empresa por mais do que seu valor justo (*fair value*) calculado individualmente, ao passo que uma empresa pode comprar outra por um valor abaixo de seu valor justo em sua ótica.

Voltando ao gráfico, é onde vemos a criação de valor e conseguimos estimar uma faixa de negociação de preço da companhia adquirida. Nessa faixa de negociação, temos que qualquer preço negociado dentro dessa faixa gera mais valor tanto para os compradores como para os vendedores. Em outras palavras, qualquer preço acima do *equity value* significa que os vendedores venderam a empresa por mais do que ela vale em sua ótica, e qualquer valor abaixo do valor total (última coluna do gráfico, já somando ganhos de sinergia) significa que o comprador pagou pela empresa menos do que ela vale em sua ótica.

Fabio Pagliuso | 65

Esse tipo de geração de valor é, então, o que buscamos para, fundamentalmente, viabilizar uma transação de M&A; é nela que acontece a criação de valor em que todas as partes saem ganhando com a transação. Como citamos, o valor é relativo, mas nem sempre será maior para o comprador do que para o vendedor. Cada análise é realizada caso a caso e pode variar muito, a depender da ótica, do momento, do mercado, dos competidores, da tecnologia, do regime tributário, dentre diversos outros fatores que podem também resultar em uma destruição de valor em vez de criação de valor. Ou seja, há casos em que as empresas valem mais separadas do que juntas.

Por exemplo, podemos citar casos de transações envolvendo uma empresa no regime de tributação do Lucro Real, visando adquirir outra empresa menor no regime de tributação do Simples Nacional. Nesse caso, quando a empresa maior adquire a segunda, esta passará a vigorar no mesmo regime de tributação da compradora, pois fará parte de sua estrutura, podendo resultar em maior pagamento de impostos, reduzindo sua rentabilidade e destruindo valor.

Vemos, então, que em toda transação encontraremos pontos em que haverá geração de valor e também potencial destruição de valor, e o que resultará em uma transação viável economicamente serão as situações em que a criação de valor supera o valor econômico gerado pelos pontos em que há ineficiência na união das empresas.

Por conta de nossa obrigação e melhores práticas de confidencialidade, não podemos mencionar aqui detalhes de transações passadas envolvendo setores, valores e nomes de empresas. Portanto, o estudo de caso abaixo é hipotético, porém demonstra como é realizado, na prática, esse tipo de negociação em uma transação de M&A visando gerar valor para os negócios. Também simplifiquei alguns pontos pelo fato de que adicionar todos os detalhes e as complexidades que envolvem uma transação tornariam este capítulo muito extenso.

Estudo de caso – *market place*

Vamos imaginar uma empresa de médio porte, atuando regionalmente, cujo negócio seja um *market place* do setor imobiliário e cujo modelo de receita seja baseado em venda de anúncios. Essa empresa possui toda a estrutura necessária para seu funcionamento (escritório, pessoal administrativo, TI, RH, comercial, marketing etc.).

Para simplificar, vamos supor que o valor justo para essa empresa seja de **10× Ebitda**.

Para calcularmos o valor justo da empresa na métrica de múltiplo mencionada, o primeiro passo será apurarmos o Ebitda da companhia.

Levantamos que essa plataforma de imóveis possui os seguintes indicadores financeiros:

		R$
	Receita líquida	25.000.000,00
(-)	Custos e despesas operacionais	(10.000.000,00)
(-)	Gastos com pessoal	(12.000.000,00)
(=)	Ebitda	3.000.000,00

No múltiplo informado de 10× Ebitda, temos que o valor justo para a companhia é de R$ 30.000.000,00 (10× R$ 3.000.000,00). Esse é o valor da empresa na ótica de seus sócios atuais, ou seja, mantendo toda a estrutura atual necessária para o bom funcionamento da companhia.

Agora, vamos imaginar que uma empresa concorrente, do mesmo setor, de maior porte, com faturamento de **R$ 300.000.000,00**, atuando nacionalmente, esteja interessada em comprar a empresa anterior. O próximo passo seria analisar o valor da empresa vendida na ótica dos compradores.

Para simplificar o cálculo, vamos assumir que o valor justo da companhia seja calculado como o múltiplo de 10× Ebitda. Dessa forma, o que devemos analisar é qual o Ebitda resultante dessa empresa após ser adquirida pela empresa de maior porte.

Analisando detalhadamente as estruturas de custos das duas empresas, os gestores da compradora chegaram à seguinte conclusão:

• **Custos e despesas operacionais**: conseguimos absorver parte dos custos e das despesas administrativas da companhia que desejamos adquirir, assim como identificamos fornecedores em comum com os quais possuímos melhor negociação. Como resultado, a integração poderá gerar uma economia de **R$ 2.500.000,00** na empresa (equivalente a 25% dos custos e despesas operacionais da companhia).

• **Gastos com pessoal**: conseguimos absorver parte do pessoal de TI, RH e administrativo da companhia, gerando uma economia estimada em **R$ 3.000.000,00**.

O total de economia gerada anualmente na empresa após a transação foi estimado em R$ 5.500.000,00 (somando-se custos e despesas operacionais e gastos com pessoal).

O resultado estimado, então, para essa companhia após a transação é descrito na tabela a seguir:

Fabio Pagliuso | 67

		Pré-transação	Economia gerada	Resultado pós-transação
	Receita líquida	25.000.000,00		25.000.000,00
(-)	**Custos e despesas operacionais**	(10.000.000,00)	2.500.000,00	(7.500.000,00)
(-)	**Gastos com pessoal**	(12.000.000,00)	3.000.000,00	(9.000.000,00)
(=)	**Ebitda**	3.000.000,00	5.500.000,00	8.500.000,00

Chegamos, então, ao cálculo de quanto seria a estimativa do Ebtida dessa companhia após ser absorvida pela empresa compradora, já considerando a redução estimada de gastos. Como podemos observar na tabela anterior, o Ebitda resultante foi estimado em **R$ 8.500.000,00**.

Agora, o próximo passo será calcular o valor dessa empresa na ótica dos compradores utilizando a mesma métrica de 10× Ebitda para simplificação. Segue o resultado:

	Ótica vendedores	Ótica compradores	Geração de valor
Ebitda	3.000.000,00	8.500.000,00	
Múltiplo	10,0x	10,0x	
Valuation	30.000.000,00	85.000.000,00	55.000.000,00

Nosso estudo de caso então resultou em um *valuation* de **R$ 85 milhões** na ótica dos compradores, o que significa uma geração de valor de mais de **R$ 55 milhões**, comparado ao valor na ótica dos vendedores.

Nesse caso, qualquer negociação de preço entre **R$ 30 milhões** e **R$ 85 milhões** significaria que os vendedores estarão vendendo sua empresa por valor superior a seu valor justo, ao passo que os compradores estarão comprando essa companhia por valor abaixo de seu valor justo em sua ótica.

Na prática, devemos também adicionar outras despesas e outros riscos envolvidos em uma transação, por exemplo:

• Gastos com rescisão.
• Contingências trabalhista, fiscal, entre outras.
• Gastos com assessoria financeira especializada.

68 | GBG

- Gastos com *due diligence.*
- Despesas legais, contratos, entre outros.

Com esse estudo de caso, então, concluímos este tópico, demonstrando os fundamentos por trás das transações de M&A e como é possível gerar valor em uma transação na qual ambas as partes saem ganhando com a negociação.

Os fundamentos citados compõem a análise de viabilidade e teses para termos a viabilidade ou não em um processo de M&A, mas existe toda uma preparação e fases de conclusão depois de validada a tese de investimento. No tópico seguinte, demonstraremos as fases necessárias em um processo estruturado de M&A.

Quais as fases e como funciona um processo estruturado de M&A

Processos de M&A têm se tornado cada vez mais comuns como estratégia empresarial para gerar mais valor aos negócios e enfrentar a concorrência.

Em mercados muito competitivos, empresas podem acabar realizando guerras de preços, gerando margens pouco saudáveis e prejudicando todas as empresas de um setor específico.

Uma saída para essa situação é um movimento de M&A, pelo qual empresas concorrentes se unem, em vez de competirem por um mercado.

A união de duas empresas concorrentes é chamada de horizontal. Pode também ocorrer processos de M&A verticais, nos quais uma empresa realiza a aquisição ou a fusão com um fornecedor de sua cadeia ou com um cliente/distribuidor.

Tanto nas transações horizontais como nas verticais, as empresas podem se beneficiar melhorando receita e margens, gerando mais valor para os negócios após a transação.

Um processo estruturado de M&A envolve algumas fases que devem ser coordenadas por um profissional de M&A especializado. Esse profissional precisa adotar diferentes estratégias para cada empresa em cada processo de M&A em que atuar, entendendo as necessidades da companhia e dos empresários que está representando.

O profissional de M&A será o responsável pela intermediação e por todas as análises financeiras necessárias para concluir a viabilidade ou não de uma transação.

O assessor de M&A pode representar uma companhia no *buy side*, ou seja, representando a empresa compradora, ou no *sell side*, no qual representa a empresa que está vendendo parte ou a totalidade de seu negócio.

Os principais motivos de uma empresa para uma estratégia de aquisições (*buy side*) são, entre outros:

- Adquirir empresas concorrentes para acelerar seu crescimento.
- Reduzir a concorrência.
- Aumentar margens da companhia, melhorando níveis de preços e reduzindo custos.
- Reduzir capacidade ociosa.
- Apropriar-se de tecnologia.
- Adquirir nova gama de serviços complementares.
- Adquirir penetração em base de clientes nova para vender serviços existentes.

Os principais motivos de uma empresa para uma estratégia de venda (*sell side*) são, entre outros:

- Vender a totalidade da companhia em momento oportuno, extraindo mais valor do negócio.
- Vender uma participação da companhia, recebendo um aporte de capital para acelerar investimentos.
- Reduzir riscos trazendo um sócio para o negócio.
- Resolver conflitos entre sócios, realizando a venda para um terceiro.
- Resolver problemas de sucessão, caso o fundador da companhia não possua herdeiros ou caso os herdeiros não tenham interesse em assumir a gestão do negócio.

Ao iniciar um processo de M&A, a empresa ou o investidor que adotar essa estratégia contratará um assessor especializado em M&A, que fará uma operação estruturada seguindo as fases em linha com as melhores práticas do mercado.

Fases de um processo de M&A no *buy side*

1. Entendimento do negócio e da estratégia: entender profundamente a empresa e o setor de atuação, além de identificar estratégicas verticais que gerarão valor para a companhia.

2. *Screening*: pesquisa de potenciais empresas para serem adquiridas em linha com as definições estratégicas do negócio no futuro.

3. Abordagem e análise: abordar as potenciais aquisições e realizar análises das empresas, identificando as opções que mais geram valor para a empresa compradora.

4. Negociações: elaborar propostas às empresas potenciais e iniciar negociações de preço e de principais termos, como percentual a ser adquirido, formas de pagamento, condições futuras de aquisição, formas de tratamento de potenciais contingências, entre outros.

5. Due diligence: coordenar a *due diligence*, que será realizada por auditores independentes e terá como objetivo confirmar a veracidade das informações recebidas, além de calcular potenciais riscos do negócio.

6. Contratos: coordenar, junto aos advogados, a elaboração e a negociação dos termos finais da transação, auxiliando nos termos do Contrato de Compra e Venda e do Acordo de Acionistas.

7. Closing: coordenar a assinatura dos contratos definitivos e o fechamento (*closing*) da transação, quando se efetua o pagamento e se realiza a transferência das quotas ou ações para a empresa compradora.

Fases de um processo de M&A no *sell side*

1. Empresa e *valuation*: entender profundamente o setor, empresas comparáveis e a companhia, realizando o levantamento dos dados e analisando o período histórico e as projeções para calcular o valor justo da companhia (geralmente por pelo menos 2 métodos: fluxo de caixa descontado e múltiplos são os mais comuns).

2. Potenciais investidores/compradores: elaboração de lista de potenciais investidores para a companhia.

3. Teaser: preparar material descritivo *blind,* com os principais indicadores da companhia, sem citar ainda seu nome e informações detalhadas para proteger a identidade da companhia. Esse é o material resumido que será enviado aos potenciais investidores.

4. Non-disclosure agreement (NDA): coordenação e assinatura de acordo de confidencialidade (NDA) com os potenciais investidores interessados em analisar a empresa.

5. Company Information Memorandum (CIM): elaboração de material de apresentação detalhado da companhia para ser enviado aos potenciais investidores que manifestaram interesse pelo *teaser* e assinaram o NDA, se comprometendo a não revelar o nome ou qualquer informação confidencial recebida relacionada à empresa vendedora.

6. Management presentation: coordenar e intermediar reuniões entre os gestores (*management*) da empresa vendedora e os potenciais compradores/investidores.

7. Recebimento de ofertas e negociação: negociação de preço e dos principais termos das propostas recebidas dos potenciais investidores.

8. Due diligence: coordenação do processo de *due diligence* financeiro, contábil, legal e operacional a ser realizado por auditores independentes.

9. Contratos e *closing*: negociação e auxílio, junto aos advogados, para elaboração dos contratos definitivos e a assinatura e o fechamento.

É de suma importância, em um processo de M&A, que o assessor preserve a companhia, sendo seu papel representar a compradora ou a vendedora. As abordagens iniciais devem ser realizadas sem abertura de nome da companhia, com apenas informações gerais como porte, nicho de atuação, entre outras.

Informações detalhadas devem ser enviadas somente após a assinatura do acordo de confidencialidade, sendo abertas apenas aos investidores que se interessaram em seguir analisando a companhia.

Os potenciais investidores que não se interessaram pelo material enviado (*teaser*) não assinarão o NDA e não terão informações adicionais da companhia. Esse ponto é crucial para não expor a companhia desnecessariamente, o que poderia resultar em vazamento de informações prejudiciais aos negócios.

Os prazos para se concretizar um processo de M&A variam muito, a depender de cada setor, empresa e momento.

Os processos podem durar alguns meses ou até anos, por isso é importante que empresário e assessores de M&A estejam alinhados, de maneira que a empresa continue operando normalmente, enquanto o assessor coordena o processo de M&A em paralelo, não o deixando influenciar o dia a dia da companhia.

Adicionalmente, existem diversas estruturas possíveis para transações, que deverão ser avaliadas caso a caso pelo profissional de M&A que estiver coordenando o processo.

Demonstrando, então, as fases e as melhores práticas de um processo de M&A estruturado, finalizamos este tópico e o capítulo de fundamentos por trás de uma transação de M&A.

6

UM ILUSTRE DESCONHECIDO: PRAZER, ME CHAMO M&A

Presente, mesmo antes da fundação, e companheiro de anos do empresário mesmo após a venda. Saiba como negociar e renegociar seu *cap table* (composição societária), da fundação ao *exit* e entenda, também, a teoria dos 3C's

GUALTIERO SCHLICHTING

Gualtiero Schlichting

Começou a empreender com 13 anos, vendendo sanduíche na Joaquina em 1986, para estudar na Inglaterra em 1991. Participou de mais de 40 empresas em múltiplos setores. É graduado em Administração com mestrado em Gestão e, desde 2019, estuda na London Business School. Iniciou no M&A no setor de Educação em 1996, fundando e vendendo escolas a partir dos 24 anos. Desde então, participou de mais de 50 *deals* no Middle Market. Executivo multissetorial, empreendedor e professor para mais de 30 mil alunos, aprendeu na prática, ganhando e perdendo dinheiro. Hoje, é contratado por grupos renomados para a resolução de conflitos societários e vendas de empresas com elevado grau de complexidade. É criador da teoria dos 3Cs – compatibilidade, convívio e crescimento societário. Atualmente, leciona na FGV-SP e ocupa a posição de CBO na STARK, uma plataforma de tecnologia em M&A com uma ampla rede com mais de 120 agentes originadores de *deals* de M&A.

Contatos
gsp@stark-capital.com.br
48 99119-9094

Por que o M&A está mais presente do que se imagina? Primeiro, vamos conceituar o M&A. Além da simples tradução literal, que não reflete a verdadeira dimensão de sua relevância, avançaremos aqui muito mais do que simplesmente *mergers and acquisitions*, ou fusões e aquisições. Mesmo incluindo suas mais variadas possibilidades de transações, ou seja, compra, fusão, cisão, *joint venture* ou incorporação, ele é muito mais amplo. A sigla M&A representa, no meu entendimento, após participar de mais de 50 transações de empresas – a maior parte de capital fechado no Middle Market –, apenas a ponta de um *iceberg*, cuja maior parte fica submersa para a maioria dos olhos rasos dos chamados "garotos da objetividade". Supertecnológicos fizeram intercâmbio e, do alto de seus patinetes, analistas, que nunca empreenderam, nunca tiveram uma folha de pagamento, afirmam, com mais soberba do que vivência, conhecerem profundamente o tema, mas, na verdade, não percebem o universo implícito e oculto por trás do M&A.

Aqui, ouso reconceituar seu significado para a realidade das inúmeras transações que ocorrem na economia real, fora da Faria Lima, não divulgadas e que são o dia a dia da infinita maioria dos empresários brasileiros.

"Todo e qualquer processo comunicacional interpessoal, oral, escrito, formal ou informal, explícito ou implícito, que resulte movimento, alteração da dinâmica de poder e controle, envolvendo troca, promessa ou negociação de participação societária, desde sua fundação até a saída do fundador, incluindo seu recebimento e desvinculação até a última contingência ou obrigação pactuada."

Afinal, quantas sociedades resistem há décadas apenas com acordos verbais? Sim, o M&A permeia nosso rico interior rural, muitas vezes, com acordos não documentados mais firmes e honrados do que acordos de acionistas, bicolunados em inglês e português, registrados em mais de um país. O M&A vai do fio de bigode até os instrumentos

Gualtiero Schlichting | 75

mais complexos, capazes de envolver as bancas mais caras que o dinheiro possa pagar.

Nas *startups*, esse conceito vai do primeiro café entre fundadores, em um ambiente de *coworking*, passando por rodadas com investidores anjos, até o *exit*[1], com estratégicos ou abertura de capital. Mas, afinal, o empreendedor não é o sonhador que vive além de seu tempo? Aquela pessoa que vê o que os demais não enxergam e antecipa essa realidade? Alguns colocam antes sua ideia no papel, documentando um primeiro esboço de sua iniciativa. Outros, mais expressivos e integradores, preferem falar para alguém em quem minimamente confiam e com quem acreditam ter afinidade, muitas vezes na tentativa de buscar competências complementares enquanto lapidam suas ideias a cada interação. Ou seja, calibrando o *pitch*[2]. Em minha visão, nasce, nesse momento, o primeiro movimento de M&A na busca pela compatibilidade societária através da complementaridade de competências. É aqui, na era COVID-19, que nasce – ficticiamente – uma *startup* com um *founder* chamado Paulo, fisioterapeuta com pós na área respiratória, que tem seu *insight*. Como os filhos podem monitorar pais e avós a distância? Idealizador de uma solução, em seu primeiro café com o programador Pedro, tentando convencê-lo de que sua ideia pode ser um produto e que está disposto a negociar participação societária (*equity*) em troca de seu engajamento. Pedro, o programador empregado, aceita o desafio, alocando suas noites e finais de semana até transformarem a ideia em geração mínima de valor, seja um *MVP*[3] para o mercado ou para um investidor anjo. Do primeiro café até o *MVP*, incluindo a rodada de captação de investimento do anjo Gabriel, o primeiro a acreditar na ideia e investir os primeiros R$ 80 mil, o M&A esteve superpresente.

Vejamos o caso entre Paulo e Pedro, que decidiram, por senso de justiça, que cada um ficaria com 50%; afinal, eles são dois, e nada mais justo do que dividir em partes iguais, não é mesmo? Na sequência, venderam 15% da empresa para o anjo Gabriel, experiente investidor em dezenas de *startups* que pediu, "apenas" como garantia, as patentes e os

---

[1] *Exit* significa a saída do empreendedor, devendo ser devidamente planejada para que ele alcance seu objetivo; em geral, venda total de suas ações.

[2] *Pitch* é uma técnica usada pelos empreendedores para "vender" o projeto de sua empresa para potenciais investidores.

[3] *MVP* é a sigla de *minimum viable product* e significa **produto mínimo viável**. É uma prática de administração de empresas que consiste em lançar um novo produto ou serviço com o menor investimento possível, para testar o negócio antes de aportar grandes investimentos.

76 | GBG

códigos-fonte, além de uma cláusula de *drag along*[4], que Pedro e Paulo acabaram assinando, pois precisavam muito da grana para que Pedro largasse seu emprego e ficasse integralmente na *startup* à qual deram o nome de Grandma' Safe. Algo sem muita complicação tecnológica, ligado a um oxímetro, aparelho que fica no dedo da pessoa, mas com uma simples adaptação: comunica-se com o celular e mantém a família ciente do nível de oxigenação do usuário. Um *app* ligado a um *hardware*, capaz de salvar vidas!

Sim, na visão de Pedro e Paulo, a era COVID-19 não acaba logo, o sistema de saúde não é capaz de atender à demanda e muitas pessoas optam por serem monitoradas em suas casas, por meio de uma solução tecnologicamente simples e de baixo custo.

Assim sendo, o nosso *cap table* ficou da seguinte forma: Pedro e Paulo, cada um com 42,5%, e Gabriel com 15%. Poucos meses depois, o recurso aportado por Gabriel foi todo gasto e, mesmo com o *MVP* validado, Pedro acabou não tendo coragem de pedir demissão. Paulo, já com os primeiros clientes, acabou tendo que liderar os dois estagiários de programação que foram contratados, que já pressionavam por participação societária ou efetivação. Com a ausência de Pedro, Paulo decide aportar suas últimas reservas e contrata, em regime CLT, os dois programadores, reduzindo a pressão por *equity*, e investe um pouco em marketing, impulsionando as redes sociais que ele mesmo alimenta, dormindo de quatro a cinco horas por dia.

Pare e pense: nesse momento, você acredita que a participação entre Pedro e Paulo continua justa? Como o conhecimento prévio de M&A poderia ter ajudado? Saímos da fase de **compatibilidade societária para convívio societário**. A visão de Paulo sobre a importância de Pedro já não é mais a mesma. Mais tarefas e papéis surgem e Paulo os absorve, sem que Pedro mude seu único argumento: "Você disse que logo eu ganharia mais do que ganho. Você sabe que tenho contas para pagar". Aqui, fica claro que o empreendedor, em sua essência, é Paulo e que Pedro tem cabeça de funcionário, não sabe assumir risco. Sim, o ganho é proporcional ao risco. O empreendedor é aquele que sabe conviver com o risco, enquanto o gerente foge dele como o diabo foge da cruz. Temos aqui um problema societário que pode colocar as mais de cinquenta vendas feitas por Paulo em jogo, ainda mais com o curto prazo de entrega assumido e sem o engajamento total de Pedro.

---

[4] *Drag along*, conceitualmente, é uma cláusula que obriga acionistas minoritários a venderem suas ações caso o acionista majoritário decida se desfazer de sua participação. No entanto, tem sido comum investidores minoritários, em rodadas de pré-*seed* e *seed round*, incluírem esse dispositivo, invertendo sua lógica. Ou seja, um minoritário passa a ter o direito de "dragar" o controlador, forçando-o a uma venda total.

Gualtiero Schlichting | 77

Segundo o Sebrae, 50% das empresas morrem nos primeiros dois anos, e as divergências societárias fazem parte dessa estatística. Os dois primeiros anos de qualquer relação é o período de inclusão, ou seja, aquele em que as partes só mostram seu lado positivo, e sua percepção sobre o outro tende a ser igualmente descalibrada para o lado positivo, pois, assim como na paixão entre um casal, o *affectio societatis*[5] tem uma liga inicial que, após o segundo ano, encontra no outro o estabelecimento de limites. Sim, essa segunda fase, chamada de "controle", é quando um começa a falar para o outro do que não gosta e, se tiverem maturidade, definem-se os limites de cada um e repactua-se uma nova relação. Aqui, a compatibilidade inicial é ajustada e dá lugar para a **convivência**. Se isso é trabalhado e realimentado, os sócios caminham para a melhor fase, o **crescimento**. Eu, particularmente, chamo isso de teoria dos 3Cs. Vejamos:

Compatibilidade societária

Aqui, a compatibilidade geralmente está ligada à complementaridade de competências técnicas, e não necessariamente à compatibilidade das personalidades. Ou seja, pode ocultar um dos maiores desafios entre sócios e sua capacidade de convivência futura (pragmáticos, analíticos, integradores ou expressivos, como eles convivem e crescem societariamente?). Temos aqui a fase da inclusão, na qual cada um percebe somente o melhor do outro.

Convívio societário

Após dois anos, inicia-se a fase do controle, na qual cada um começa a estabelecer limites de parte a parte. Alguns optam por ocultar essa agenda, acumulando os pontos nos quais cada um se desagrada com o outro, criando uma bomba que certamente explode em situações de tensão, sacrifício ou divisão de lucros. Outras sociedades já amadurecem por si só ou com o apoio externo e aparam arestas, dividem tarefas e evoluem para o crescimento.

---

[5] *Affectio societatis* consiste na intenção dos sócios de constituir uma sociedade. É a declaração de vontade expressa e manifestada livremente pelo(s) sócio(s) de desejar(em), estar(em) e permanecer(em) juntos na sociedade – eis que, se a vontade de qualquer deles estiver viciada, não há *affectio societatis*. A *affectio societatis* pode ser encontrada como *animus contrahendi societatis*, ou seja, a disposição de uma pessoa (física ou jurídica) de participar de uma sociedade, a qual deverá contribuir na realização do objeto da sociedade – soma-se a isso a busca pelo lucro. Pode-se identificar, na doutrina, os elementos essenciais à formação da *affectio societatis*: colaboração ativa, colaboração consciente, colaboração igualitária dos contratantes e busca de lucro a partilhar.

Crescimento societário

Não confundir crescimento da empresa com crescimento societário (entre os sócios). Sócios que decidem melhorar sua governança buscam a profissionalização da empresa e seu desenvolvimento pessoal de maneira concomitante. Estudam, se qualificam, reconhecem suas fraquezas e se apoiam uns nos outros em busca de um crescimento coletivo, como um time que joga junto e cresce de maneira coletiva. Isso é o crescimento societário.

A teoria dos 3C's

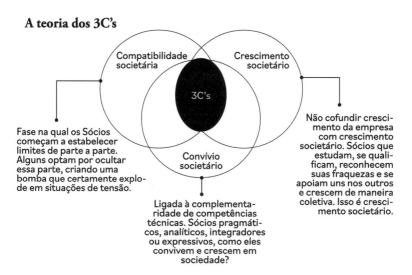

Então, voltando para nossa *startup*. Paulo chamou Pedro, mostrou as vendas e falou que precisava dele integralmente no negócio. Ou seja, *fully committed* e *skin in the game,* como falam no mundo da tecnologia. Pedro falou que, com menos de R$ 5 mil por mês, não conseguia abandonar o emprego dele. Paulo, um negociador hábil e com a fé inabalável em seu negócio, falou que voltaria com uma resposta para Pedro na manhã seguinte. Naquela noite, o que ambos não sabiam era que seus destinos estariam para mudar completamente. Uma das vovós monitoradas pelo aplicativo era parente de uma *digital influencer* chamada Gabriela, que postaria em suas redes sociais como que ela, mesmo a distância, acompanhava sua vovó Amélia.

A sorte caminha com quem constrói oportunidades e para quem deixa portas abertas. Paulo tinha trabalhado com o pai da prima de Gabriela e Amélia tinha estudado com a avó dele. O fato é que, na manhã seguinte, Paulo já sabia da repercussão da notícia, pois trabalhava nas redes sociais durante as madrugadas, programando suas postagens e deixando tudo pronto. Nessa noite, ele não havia dormido e sabia que os mais de mil e quinhentos comentários e quarenta mil *likes* no *post* viriam com fluxo enorme de pedidos. Ele foi para o café com o Pedro, que nem sabia de nada até aquele momento, e falou: "Eu garanto R$ 7 mil por mês para você e você me passa metade de sua participação societária". Pedro concordou e, assim, avançaram! Pergunta: você acredita que essa negociação foi justa? Alguns, identificados com o Paulo, irão dizer que sim, pois Pedro não assumiu sua cota de risco com a sociedade. Outros, adeptos de Pedro, irão dizer que não, pois ele não decidiu com base em todos os elementos. Meu ponto é que, mais uma vez, o M&A esteve presente, e eu pergunto a você, que já montou uma empresa: sabemos que é impossível prever todos os cenários e que uma sociedade é um organismo vivo, mas o retorno vem com a assunção de risco, concorda? Pedro não é um empreendedor, ponto final! Paulo poderia tê-lo contratado como programador, não é mesmo? No início de uma sociedade, na qual a aglutinação se deu por complementaridade, muitos não mapeiam a capacidade de cada um lidar com o risco, bem como não falam sobre o papel que cada um irá assumir, além das renúncias e entregas individuais. Para um, trabalhar dez horas por dia e não comprometer os finais de semana pode ser muito; para Paulo, menos de quinze horas, nem pensar – isso sem falar nos finais de semana e nas anotações que ele faz no meio da noite para não se esquecer seus *insights*.

Voltando... Na mesma tarde, as vendas disparam, e mais de dois mil novos clientes, em apenas quarenta e cinco dias, baixam o *app* e passam a monitorar seus parentes. A Grandma' Safe atinge o *breakeven*[6] e termina o ano com R$ 3 milhões de faturamento e um *valuation* de R$ 18 milhões.

Fundos de investimentos abordam os fundadores e um grande *player* setorial, colocando uma oferta vinculante *binding offer*[7] para a compra de 100% da companhia. Paulo não quer nem falar sobre o tema e Pedro faz suas contas. Para ele, os quase R$ 4 milhões por sua participação, somados à possível remuneração de R$ 15 mil por mês, incluindo plano de saúde e participação nos resultados, é algo maior do que ele mesmo jamais sonhou. Pedro procura Gabriel e, juntos, tentam convencer Paulo a aceitar a oferta de venda de 100% por R$ 18 milhões. Paulo

---

[6] *Breakeven* significa ponto de equilíbrio.

[7] *Binding offer* significa uma oferta vinculante de valor por algo. Uma oferta firme, mais forte do que uma carta de intenção (*non-binding*).

se sente traído por Pedro, que falou com Gabriel sobre algo em relação ao qual ele já havia se posicionado. Nesse momento, as conversas paralelas entre Pedro e Gabriel se intensificam, e Paulo é notificado por Gabriel, que manifesta sua intenção de venda, invocando seu direito de obrigar os fundadores a venderem suas participações. Sim, a cláusula de *drag along*, lembra? Paulo fica furioso e, no dia seguinte, tem uma reunião com a Amazon, que lhe oferece um contrato com a compra de cinquenta mil novas unidades ao ano. Mesmo sem capital de giro para atender à demanda, Paulo consegue negociar um adiantamento com a Amazon, em troca de três anos de exclusividade. Paulo guarda essa informação, primeiro, porque se sente traído e, segundo, porque sabe que isso aumentará ainda mais o *valuation* da companhia – no mínimo em três vezes. Sem saber como organizar o processo e com apenas trinta dias para exercer seu direito de preferência que lhe é assegurado sobre a oferta de compra, nitidamente aceita por Gabriel e Pedro, Paulo decide falar com um amigo mais experiente, que já havia passado por situações igualmente complexas. Paulo agenda um jantar com João, empreendedor que já havia feito um *exit* por R$ 120 milhões e vivido diversas situações de M&A, incluindo disputas societárias. Após quase três horas de conversa, João ouviu atentamente cada detalhe e percebeu a angústia de Paulo, que se misturava com todas as oportunidades que gravitavam a seu redor, concomitantemente à ameaça de uma compra hostil. Então, Paulo pergunta a João: "Entendeu a minha situação? O que eu faço?". João, muito sereno, diz: "Sua situação é bem tranquila". Paulo, com um olhar de descrença, responde: "Como assim? Está me zoando, né? Estou para perder a empresa em 29 dias". Àquela altura, já passava da meia-noite. João passa um contato pelo WhatsApp para Paulo e diz: "Fala com o Tony, que ele resolve isso para você facilmente e pode pagar a conta, pois estou te escutando há três horas e você nem perguntou como estou. Fica tranquilo que essa está fácil para o Tony". Concluiu João, com o último gole no vinho.

Logo cedo, Paulo manda mensagem para o Tony, que lhe retorna no final da manhã. É uma terça-feira; marcam uma *videocall* no final daquele dia. Já no início da videoconferência, o *advisor* de M&A, acostumado com esse tipo de situação, conduz o diálogo que teve como foco identificar as motivações implícitas, o momento de cada sócio e o *valuation* da companhia. Percebendo que a companhia valia mais do que a oferta recebida e que podia se alavancar através de linhas de financiamento, pois não possuía endividamento, além dos mútuos que o próprio Paulo fizera no início, Tony traz a seguinte solução: "Você vai comprar a participação do Pedro e do Gabriel, utilizando o próprio caixa da companhia, por meio de uma linha de *venture debt*, pela qual você vai dar os recebíveis da companhia e um *equity kicker* de 5%, ficando com 95% da empresa para você. O que acha?". Aquele é o momento mais feliz da vida de Paulo, que, apoiado por um *advisor* experiente, faz a modelagem financeira e tem suporte para exercer seu direito de preferência. Naturalmente, levou mais do que os 30 dias, mas evitou um potencial conflito e, assessorado por Tony, Gabriel e Pedro aceitaram que a empresa fosse comprada por Paulo. O que ninguém imaginava é que a relação entre Tony e Paulo estava apenas começando.

O contrato com a Amazon deu muita visibilidade para a Grandma e, três anos mais tarde, fizeram uma rodada de série B com a assessoria de Tony, levantando R$ 40 milhões em um *valuation pré money* de R$ 200 milhões. Paulo, mesmo com competidores e com a chegada iminente de uma vacina para a COVID-19, posiciona-se como líder em telemedicina para a terceira idade no País. Dois anos após essa rodada, Paulo, ainda assessorado por Tony, faz a fusão com o *player* estratégico, com quase R$ 500 milhões de *valuation*, e sai na capa da *Forbes under 30*.

Evolução da Situação de *Cap Table*

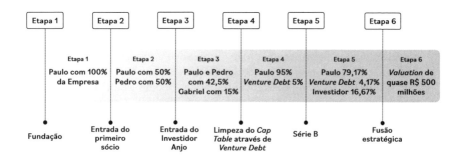

Aprendizados e juízo de valor do autor

Esse caso é apenas um dos inúmeros desdobramentos possíveis que surgem todos os dias. Um *advisor* de M&A pode fazer toda a diferença na vida de um empreendedor. Veja a seguir algumas das perguntas e/ou reflexões que sugerimos que sejam feitas, concomitante à ideação, à prototipagem e ao próprio *MVP*. Elas não pretendem esgotar o tema, mas podem elucidar e antecipar questões, evitando problemas futuros.

Naquele primeiro café entre Pedro e Paulo, as perguntas a seguir poderiam ter auxiliado em todo esse processo:

1. Quem será o CEO?

2. Quem irá desenvolver ou codificar o produto?
3. Quem teve a ideia e convidou os demais? (Aqui, quem marcou o café).
4. Quem irá liderar os desenvolvedores?
5. Quem não está em tempo integral?
6. Quem, se sair, afetaria a chance de captação?
7. Quem, se sair, colocaria o desenvolvimento do produto em risco?
8. Quem é responsável pela tração comercial?
9. Quem, se sair, afetaria a geração de caixa?
10. Quem publica conteúdo no *site* e nas redes sociais?
11. Quem aportou recursos diretos ou indiretos?
12. Quem criou e quem controla as projeções financeiras?
13. Até agora, quem paga as despesas básicas?
14. Quem apresenta o *pitch* para investidores?
15. Quem está conectado com o mercado e traz clientes e parceiros estratégicos?

Mesmo um leitor desatento consegue ver que a divisão entre Paulo e Pedro não poderia ser equânime. O mais curioso é falar com empreendedores, que estão iniciando seu segundo, terceiro ou quarto investimento e ainda não conseguem sair do ciclo de autossabotagem, desprezando a importância de um mapeamento prévio de compatibilidade societária baseado em elementos que podem ser evidenciados com técnica e orientação.

Esse breve relato não tem o objetivo de ser uma solução definitiva, mas um ponto de partida em negociações entre *founders*, seguido de uma breve reflexão sobre a teoria dos 3Cs, pela qual, em minha visão, temos alguns erros clássicos evidenciados no caso relatado. Paulo errou em sua leitura inicial com Pedro, atribuindo-lhe o mesmo apetite a risco, colocando sua ansiedade por empreender e sua busca por um sócio programador à frente de um diálogo mais criterioso, seguido de uma divisão de tarefas proporcional ao engajamento de cada um ou, até mesmo, da possibilidade de tê-lo simplesmente contratado. Sabemos que isso é muito difícil, ainda mais para empreendedores de primeira viagem. Para aqueles que estão no meio da jornada, com divergências societárias acumuladas e visões distintas sobre a empresa, saibam que só é possível crescer societariamente por meio da pacificação desses temas. Aqui, recomendamos o papel de *advisors* experientes em negociações societárias para auxiliarem nesse momento. Para aquelas sociedades em que o respeito ainda está presente, mas as visões começam a ganhar contornos de desalinhamento, saibam que, assim como os comitês de vendas, operações e financeiros são monitorados e os ajustes são feitos com a devida periodicidade, não deveriam ser diferentes os temas societários. Sim, aspectos societários, visões, relacionamento e comunicação entre sócios devem ser temas de agenda recorrente. Se não é mais possível no bar, que seja na empresa e com a devida rotina. Principalmente nos aspectos interpessoais. Os *founders*, outrora estudantes, saíam para beber, conversavam até terem consenso; então casaram e suas esposas não são necessariamente amigas e as agendas pós-trabalho, que serviam para alinhar visões, não acontecem mais. Se o seu *advisor* de M&A está só na modelagem e nunca falou com você sobre sua sociedade e o momento de vida de cada sócio, atenção!

Sim, o *advisor* de M&A deve ter como porta de entrada de seu trabalho o entendimento profundo das relações societárias, das motivações implícitas e explícitas. Sem mergulhar na psicologia do *deal*, não há modelagem ou *valuation* que fique de pé. Um *advisor* trará mais segurança e agregará mais valor no processo, permitindo que o empresário mantenha o foco em seu negócio, defendendo seus interesses e preservando-lhe de eventuais atritos com o potencial futuro sócio. De toda forma, é fundamental que o empresário busque conhecimento a respeito, fuja dos vendedores de *valuation* e entenda que esse processo pode ser: transparente, rápido e sem custos elevados. Sim, está ocorrendo uma revolução nesse mercado por meio da tecnologia, que dinamiza as etapas burocráticas e ineficientes, preservando tempo para relações humanas mais efetivas.

Prazer, me chamo M&A, sou onipresente e estou em mutação! Conheça-me com profundidade e seja bem-sucedido em sua empresa. #M&ATech #STARKPLATFORM.

7

NETWORKING COMO FERRAMENTA DE CRESCIMENTO E EXPANSÃO

Com as mudanças cada vez mais velozes e o grande impacto que acontecimentos econômicos e políticos mundiais exercem sobre os negócios, o *networking* internacional torna-se uma das principais ferramentas para atuação e permanência no mercado

ILDEFONSO SANTOS

Ildefonso Santos

Pai de três lindas meninas e apaixonado pela vida e pelos negócios, iniciou sua vida profissional aos 15 anos de idade no Banco do Brasil, onde trabalhou por quase dez anos e do qual saiu após uma rápida passagem pelo Departamento Jurídico. Desenvolveu excelente trabalho como empreendedor em multinacional de vendas diretas, com foco na formação, no treinamento e na capacitação de líderes no Brasil, na Argentina, no Chile e no Uruguai. Formado em Direito pela PUC-RS, advogou por vários anos no Rio Grande do Sul. Em 1999, lidou com um problema de saúde na família e mudou de área para empreender no segmento de saúde e vendas diretas. Visionário, palestrante, interessado pela área comercial, fluente em três idiomas e de fácil relacionamento pessoal e profissional, expandiu os segmentos de atuação tanto no Brasil quanto nos Estados Unidos, onde morou e mantém empresa de importação desde 2018.

Contatos
www.sagabrasil.com.br
diretoria@sagabrasil.com.br
LinkedIn: Ildefonso Santos
11 97614-1596 / +1 561 419-5191

Era uma vez, em 1977...

Um menino de Uruguaiana, interior do Rio Grande Sul, então com sete anos de idade, que se mudou com a família para Porto Alegre. Seu pai, barbeiro de profissão, começaria a trabalhar como vigia noturno na Fundação Estadual do Bem-Estar do Menor (Febem), atualmente Fundação Casa, além de segurança em lojas de vestuário durante o dia. A mãe, dona de casa, cuidaria dos três filhos do casal, então com um, sete e nove anos de idade.

Uma história comum, de pessoas simples, mas com muita fé e coragem para mudar o destino e conquistar resultados diferentes das gerações anteriores. Ali começariam uma nova vida, com uma nova expectativa, com novos contatos, com novas opções para sua família. E tudo isso era tão estimulante quanto assustador.

Como tudo começou

Com educação humilde, porém rígida e com princípios bem arraigados de caráter, o menino, desde cedo, percebeu que, para mudar seu destino, precisaria fazer mais do que a maioria das crianças estaria disposta a fazer e, por isso, estudou para ser um dos melhores alunos em tudo o que participasse. Também fazia questão de ser conhecido pelos professores, colaboradores da escola e pela própria diretora, professora Nina Rosa Del Grande, com quem costumava ir conversar nos intervalos das aulas.

Estava começando, inconscientemente, uma história de relacionamento pessoal e *networking* que se mantém até os dias de hoje e que foi fundamental para seu crescimento e seus resultados. Já na escola, buscava mentores, não só professores. Sempre teve propósito, vontade e disposição para mudar sua história. E é justamente sobre a importância do *networking,* dos relacionamentos, das interações sociais e profissionais que vamos tratar neste capítulo.

Empreendedorismo tomando forma

Já com 8 anos de idade, o menino buscava oportunidades para mudar seu destino. Estimulado por seus pais – que, embora simples em termos de educação formal, eram bastante ativos e dispostos para o trabalho e dedicados à família –, o menino aproveitava os finais de semana com a mãe e a irmã para colher abacates nas árvores da propriedade onde sua família alugava uma casa de poucos cômodos, tratando de vendê-los na frutaria da esquina imediatamente, como forma de fazer dinheiro[1] para comprar guloseimas de crianças, bem como para ajudar na renda familiar, que naquela época correspondia a um salário mínimo. Sabia desde então que não havia condições financeiras na família para a compra de brinquedos ou presentes fora de datas especiais. Sabemos, hoje, que esse foi o início de uma carreira que, mais tarde, se transformaria na paixão de sua vida: a área comercial.

Foco, comprometimento e reconhecimento

Com 15 anos de idade, sempre focado e comprometido nos estudos e em fazer as coisas que precisavam ser feitas, em ser voluntário para toda e qualquer atividade ou auxílio no meio ao qual pertencia, o menino foi convidado pela professora de Educação Moral e Cívica – até hoje querida e lembrada –, D. Ilka Belmonte, a participar de uma seleção para começar a trabalhar no então desejado Banco do Brasil S.A. Esse convite veio em função do voluntariado para a atividade de hasteamento diário da Bandeira Nacional e canto do Hino Nacional Brasileiro na escola. Essa atividade era algo de que o menino fazia questão de participar e para a qual se empenhava em fazer da maneira correta.

O convite foi realizado na casa do menino, em época de férias escolares, denotando uma atenção diferenciada da professora em relação àquele aluno. Isso foi motivo de muito orgulho para toda a família, sem dúvida.

Após o convite da professora, conversando com seu pai na pequena área de serviço de sua casinha, o menino, por intuição e confiança no que estaria disposto a fazer para honrar tal convite, mesmo sem ter lido naquela época os livros *O segredo*, *Poder sem limites* e *Pense e enriqueça*, profetizou a seu querido pai: "Eu vou ser selecionado, entrar no Banco do Brasil e crescer muito lá".

---

[1] Destaque para a expressão americana de "fazer dinheiro", em vez da expressão "ganhar dinheiro", como usamos no Brasil. Um aprendizado obtido durante os últimos cinco anos com a participação em *networking* com profissionais e empresas americanas e de vivência no exterior.

E assim foi. Selecionado entre outras 42 crianças carentes candidatas ao cargo de menor auxiliar de serviços gerais (MASG) do Banco do Brasil S.A., iniciou suas atividades e uma nova fase incrível em sua vida! Foram quase três anos de convívio e fortalecimento de relações que duram até hoje. E tão estimulante que, aos 19 anos, enquanto servia ao Exército no Centro de Preparação de Oficiais da Reserva de Porto Alegre/RS, o então militar prestou concurso para o Banco do Brasil e foi aprovado, voltando imediatamente ao término do serviço militar para essa empresa. Naquele mesmo mês, também foi aprovado no vestibular para a Faculdade de Direito da PUC-RS.

Atenção às oportunidades

O Banco do Brasil foi um divisor de águas na vida daquele menino, pois o nível cultural do meio no qual passou a conviver mudou bastante, exigindo uma grande superação e atenção aos detalhes, ao comportamento, aos relacionamentos e às oportunidades que apareciam. O *networking* novamente deu um salto de qualidade. Amizades se formaram para a vida. O gosto por uma vida melhor, por viagens, por cultura.

Aos poucos, o já crescido menino ocupou cargos e posições no Banco do Brasil até chegar ao Departamento Jurídico, ao lado de grandes profissionais da carreira que havia escolhido: advogado! E, novamente, a importância do *networking*, das amizades, dos relacionamentos se faz presente para o crescimento pessoal e profissional.

O apoio, a amizade e o respeito conquistados de inúmeros colegas ajudaram a fortalecer o caráter e os princípios daquele menino para toda sua vida. Gratidão é o sentimento que expressa melhor aquela etapa no Banco do Brasil. Tanto com relação à empresa quanto – e principalmente – com relação aos amigos que lá foram conquistados e são mantidos até os dias atuais.

A formação superior e o crescimento do *networking*

Embora a formação superior não seja, em si, um pré-requisito para o sucesso ou o crescimento pessoal e profissional de alguém, para aquele menino foi um marco de superação pessoal e familiar. Foi também mais uma grande oportunidade de aumentar seus relacionamentos, seu *networking* pessoal e profissional e selar amizades permanentes, como a do dr. Mauro Oliveira Freitas, que prefaciou esta obra.

Os contatos e relacionamentos criados durante a faculdade, com destaque especial ao então colega e hoje querido amigo e parceiro de negócios e projetos Dr. Freitas, fizeram grande diferença para mudanças profissionais, a expansão da empresa e o crescimento, inclusive em âmbito internacional no futuro, como ficará bem evidenciado mais adiante neste capítulo.

Atenção às oportunidades disfarçadas de dificuldades

Em 1999, diante de um cenário difícil do mercado, um problema de saúde na família acabaria por se tornar uma grande oportunidade de negócios, por meio do poder do *networking* gerado em anos anteriores.

Foi por meio de conexões profissionais e de amizades estabelecidas enquanto desenvolvia empreendedorismo na área de vendas diretas anos antes que o menino do interior do Rio Grande do Sul, e então advogado, conheceu um produto capaz de revolucionar sua vida e definir uma nova carreira, agora na área comercial.

Do problema grave de coluna na família, o investimento realizado na saúde por meio da compra de um produto ortopédico em especial fez que despertasse nele a visão da oportunidade que estava por trás daquela dor, uma vez que mais de 80% da população também sofria da coluna, como até hoje acontece, segundo frequentes notícias publicadas pelos meios de comunicação e pela Organização Mundial da Saúde.

Foi justamente nesse momento de dificuldade e dor que surgiu uma oportunidade para utilizar o poder do networking criado em anos anteriores. Em pouco mais de quatro meses de atuação profissional em um segmento totalmente novo, alavancado pelo poder dos relacionamentos, da credibilidade e da confiança no projeto, a empresa de representação criada para essa finalidade alcançou recordes de vendas diretas e de formação de equipes de vendas, tornando-se então uma distribuidora nacional da fábrica dos produtos.

É importante salientar que o *networking* criado nas experiências anteriores, desde os tempos de escola e nas empresas por onde passou, principalmente na multinacional de vendas diretas e na faculdade, foi fator decisivo e principal para essa rápida alavancagem da empresa.

Ampliação dos segmentos de atuação sem perder o foco

Ainda dentro do conceito de enxergar oportunidades, é importante estarmos atentos às demandas dos clientes, do mercado em geral e termos a iniciativa e o planejamento necessários para implementar o incremento do negócio.

Após dez anos de empresa, com total domínio de seu mercado de atuação e *modus operandi* testado, funcional e eficaz, foi identificada uma oportunidade de ampliar a área de atuação inicialmente estabelecida para ganhar novos públicos consumidores. Essa visão estratégica é fundamen-

90 | GBG

tal para que a diversificação de linhas de produtos, segmentos ou forma de atuação não gere "concorrência" com o *core business* manifestado.

De outro lado, uma vez que seja identificada uma oportunidade de agregar produtos ou serviços em uma base de negócios já estabelecida e produtiva, o resultado tende a ser excepcional.

Nascia, então, outro segmento voltado à área de respiração, à apneia do sono, complementar ao segmento que estava operando e cuidava do sono e dos problemas de coluna. Um casamento perfeito de produtos e serviços para um público cada vez maior e mais exigente.

O início das operações da empresa voltada à área de respiração mecânica deu tão certo que, em poucos meses de atuação, já era citada como *case* de sucesso e diversificação de clientes por uma das maiores empresas mundiais fabricantes de equipamentos para apneia do sono, em um Congresso do Sono realizado em Miami.

A visão e a implementação do negócio conjugando as áreas de sono e cuidado da coluna com a área de respiração mecânica havia gerado interesse e estudo por parte dos fabricantes que estavam em busca da ampliação da base de clientes potenciais naquele momento.

Novamente, criou-se um grande polo de *networking,* com credibilidade, confiança, transparência e colaboração recíproca, que culminou, anos mais tarde, em *non disclosure agreement* entre minha empresa e uma multinacional do segmento de produtos médicos e hospitalares.

Sobre esse assunto de M&A envolvendo minha empresa e a multinacional, vale uma abordagem mais detalhada, que farei a seguir.

E, dentro dessa mesma visão de expansão de negócios dentro de um nicho de mercado em que já se tem um bom know-how e resultados, dois anos depois da criação do segmento de respiração, a empresa iniciou um novo projeto, antevendo o consumo cada vez maior de camas motorizadas e articuladas para *home care* no Brasil. Novamente a empresa fez uma escolha acertada e tornou-se referência no mercado para o fornecimento dessa linha de produtos, nacionais e importados, com grande autoridade no assunto e reconhecimento empresarial.

Timming correto para a venda de uma empresa é fundamental

Com oito anos de atuação de destaque na linha de produtos médico-hospitalares e voltados aos equipamentos de respiração, com excelente reputação no mercado, credibilidade e conceito criados, a empresa teve a oportunidade de ser vendida para uma multinacional do setor. Após reuniões iniciais nos escritórios centrais das empresas, chegou-se a um contrato de confidencialidade e acordo para a realização de *due diligence.*

Entretanto, em virtude de fatores internos de gestão e documentação, bem como de instabilidade da economia mundial, houve uma pausa nas negociações e consequente adiamento por seis meses para a retomada do diálogo.

Esse período se tornaria uma eternidade, pois, uma vez iniciado o processo e estabelecida certa expectativa de negociação, houve uma série de eventos que valem a pena ser enumerados como forma preventiva para outras situações análogas futuras.

De maneira não intencional ou percebida, o fato de haver um "NDA" e uma expectativa muito real da venda da empresa causou uma desaceleração gradativa das atividades relacionadas àquele segmento. Infelizmente, isso acabou por se arrastar além dos seis meses previstos, passando para um ano sem o fechamento do negócio.

Somou-se a isso a rápida e imperdoável velocidade de mudanças no mercado digital, que trouxe para o cenário uma guerra muito intensa de preços, em detrimento dos serviços de qualidade e com registro nos órgãos competentes agregados ao segmento médico-hospitalar de respiração não invasiva – segmento esse em que a empresa atua desde então.

Passados vários meses e levando-se em conta o cenário de então, o valor de negociação previsto inicialmente para a venda da empresa havia caído para 1/4 do originalmente levantado e, em função disso, a transação não foi concluída.

Foi uma experiência com muitos ensinamentos para todos, dentre os quais podemos citar:

• Um acordo de confidencialidade não é um contrato de compra e venda. Por isso, jamais diminua o ritmo de investimentos em sua empresa. Valorize-a cada vez mais, para que o tempo agregue valor a ela, não o contrário.

• O que acontece no mundo – tanto economicamente quanto politicamente – tem impacto direto e muito forte nas decisões de compra e venda de empresas no Brasil. Principalmente em função do poder da moeda.

• Os interesses de hoje podem mudar antes do dia acabar. Se você tem algo para vender e acredita que seria um bom negócio efetivar tal venda, faça-a imediatamente. Amanhã você pode não ter mais o valor que tinha hoje, ou seu comprador pode ter outro foco ou outra oportunidade em mãos.

• Tenha controle, documentação e números completos de sua empresa sempre disponíveis. Uma semana muda completamente o cenário de negócios.

- Cerque-se de profissionais e empresas de consultoria com experiência. A segurança nos contratos tem valor. A falta dela custa mais ainda.

Desenvolver *networking* gera segurança e resultados profissionais

A abertura de novos mercados é sempre um desafio muito grande para as empresas e os profissionais. Além do plano de negócios, é fundamental que os gestores tenham estratégias claras para gerar *networking* nos novos mercados, pois, por meio dele, será possível um crescimento mais rápido e seguro da empresa, economizando esforços para se atingir os objetivos. Usa-se o poder dos relacionamentos e das experiências desse *networking* como guia de sucesso e prevenção de eventuais fracassos nas etapas.

Foi assim, através do *networking* gerado nas atividades anteriores, que se tornou possível fazer uma expansão territorial da empresa. Com as conexões certas, uma rede de negócios e um relacionamento próximo com entidades profissionais, instituições e parceiros comerciais, além da inserção na comunidade de destino por meio de projetos sociais e clubes de serviço, os gestores de empresas conseguem alavancar de maneira tranquila e segura um poderoso *networking* que irá contribuir para a estabilidade no novo mercado.

A capacidade de gerar *networking* é, em si, o grande diferencial para a consolidação de negócios cada vez maiores, sejam eles no primeiro, no segundo ou no terceiro setores. E essa capacidade está diretamente ligada à iniciativa e à proatividade do corpo gestor na busca, no contato e na manutenção dos canais de *networking* relacionados a seu *core business*, ou mesmo a outros canais que possibilitem uma visão mais clara para eventuais ajustes ou mudanças estruturais da empresa.

O Global Business Group (GBG) como *networking* transformador de negócios pelo mundo

O GBG foi criado com foco em M&A e para estabelecer uma disruptura em termos de *networking* e negócios ao redor do mundo. E rapidamente cresceu no Brasil e internacionalmente.

O GBG conta hoje com mais de mil participantes em três grupos principais: M&A, Trading e Serviços. E, no exterior, já está presente e ativo no Grupo Latam, nos EUA, na Costa Oeste dos EUA, na Europa, em Israel, na África do Sul e na China.

Fruto do *networking* criado durante a Faculdade de Direito da PUC-RS, tive a honra de ser convidado pelo dr. Mauro Oliveira Freitas para ser um dos membros e administradores do então recém-criado

GBG São Paulo, em 2016. A partir de então, o poder dessa ferramenta incrível de *networking* profissional ganhou cada vez mais espaço e gerou inúmeras oportunidades de negócios dentro e fora do Brasil.

Foi por meio do *networking* do GBG que diversas empresas brasileiras puderam expandir seus negócios para outros países, incluindo a Saga Brasil, que iniciou suas atividades nos Estados Unidos em 2018, participando ativamente do GBG USA. Foi por meio do GBG e das diversas interações, dos eventos, da troca de informações e das parcerias que a Saga Brasil – e tantas outras empresas – desenvolveram suas atividades e exploraram tantas outras.

A formatação do *networking* gerado pelo GBG é um exemplo a ser seguido pelas comunidades de negócios, pois é leve, descentralizada, autônoma e muito eficaz, enquanto promove oportunidades de negócios e identifica aliados comerciais e conexões importantes para a continuidade dos projetos e negócios ao redor do mundo.

Cada um contribui com seu know-how, seu *background* empresarial e suas conexões pessoais e profissionais, gerando um universo gigantesco de oportunidades para todos os participantes e reconhecimento do mundo econômico, político, social e corporativo nos vários países onde hoje atua.

Da expressão comumente usada de que "somos frutos do meio em que vivemos", participar de grupos de *networking* de grande envergadura traz sempre um diferencial competitivo e um aumento de performance; e também um aumento de sua própria percepção do mundo, dos negócios e da vida.

Ensinamentos para a vida

Acredito que as experiências vividas até hoje formaram a base do que está por vir. As mudanças são inevitáveis, e todos os dias há um novo aprendizado disponível, seja on-line, seja pela expressão de uma criança que já possui "neurônios de última geração" para acompanhar o mundo atual.

Durante a vida, nós temos a oportunidade de encontrar mentores, pessoas que têm um conhecimento diferenciado, ou mesmo uma forma especial de passar seu conhecimento e seu caráter, pessoas capazes de nos influenciar positivamente para o crescimento, para a interpretação correta dos fatos, para dar ênfase em aspectos importantes da vida ou dos negócios.

A vida sem esses mentores é mais difícil. Encontrá-los, entretanto, é muito mais uma busca pessoal do que um acaso. E nesse ponto é que ressalto a importância do *networking* para uma vida de sucesso e realizações.

Comprometa-se. Não fique apenas envolvido. Seja agente transformador de mudanças. Ouse. Sonhe. Viva plenamente seus objetivos. Não tenha medo. Corra riscos. Essas são as principais lições que aprendi e que agora, humildemente, compartilho com todos. Una-se a boas pessoas, a bons profissionais. Esse é o segredo de uma vida repleta de alegrias e conquistas! *Networking* é vida! Não importa o que já passou. Importa que, se abrirmos os olhos pela manhã, teremos uma nova chance de sermos o que gostaríamos de ser, fazermos o que precisa ser feito e termos tudo aquilo que desejamos ardentemente.

Foco, fé e disposição.

8

M&A EM NEGÓCIOS DE HOTELARIA E TURISMO

O mercado brasileiro de hotelaria e turismo realizou vários movimentos a partir de processos de concessão, ou mesmo parcerias público-privadas, em um verdadeiro projeto de M&A. Não foi, evidentemente, uma operação simples de capital, mas de *know-how* e capital, como devem ser os grandes e consistentes movimentos de M&A, cuja realização permite perenidade e evolução na continuidade dos negócios.

MAURÊNIO STORTTI

Maurênio Stortti

CEO do Grupo M.Stortti no Brasil. CEO da M.Stortti Europe em Portugal. Advogado e publicitário. Mestre em Direito Político pela Unisinos/RS. Inscrito na Ordem dos Advogados do Brasil (OAB/RS 22140) e na Ordem dos Advogados de Lisboa em Portugal (59.437L). Consultor da Unido/ONU (1997/2008). Consultor de empresas e governos, como Synthos (Polônia), ACTIA (França), Governo do Rio Grande do Sul, Infraero, Sebrae, Ministério do Desenvolvimento do Brasil, Governo de Angola, Socicam, Grupo General Shopping, GOL, Gocil, ICMBio, Governo do Panamá, Governo de Minas Gerais, Governo da Bahia e Banco Interamericano de Desenvolvimento (BID). Autor dos livros: *Globalização, Mitos e Verdades*; *Mercosul, uma nova realidade para pessoas e empresas*; *Cadernos Internacionais Bamerindus*; e *E agora, como eu toco meu negócio?*. Tem experiência de mais de 30 anos em consultoria e desenvolvimento de negócios internacionais. Conferencista e palestrante.

Contatos
www.mstortti.com.br
maurenio@mstortti.com.br
51 3330-7776
51 98137-3816

O mercado de hotelaria e turismo no Brasil, assim como as atividades em geral, não passou incólume ao processo de globalização e aos novos tempos. O turismo interno brasileiro, da mesma forma que a atividade do país em relação ao mercado turístico internacional, também sempre foi restrito ao apetite de novos investidores, sobretudo externos.

No contexto dos atrativos turísticos – por exemplo, o Brasil por ser rico em fauna e flora – esse movimento de exploração dos parques como atividade econômica passou a ter mais relevância na atratividade como negócio, em especial, com a concessão do Parque das Cataratas do Iguaçu, em Foz do Iguaçu. Considerado um dos maiores pontos de atração de turistas, sobretudo de interesse aos estrangeiros, o Parque das Cataratas do Iguaçu teve novos usos concebidos e melhorados, em particular em infraestrutura e serviços ao turista, após a concessão realizada a investidores.

Esse movimento de novos investimentos e serviços tornou-se relevante já dentro do período de concessão à gestão privada, que persiste até os dias de hoje. Foram mais investimentos, mais atrativos, mais receitas e melhores serviços ao turismo e aos turistas.

Posteriormente, o mesmo processo, para dar um exemplo de outro ícone nacional, aconteceu com a regularização da exploração da estrada de ferro do Cristo Redentor e do antigo hotel Paineiras, que dão acesso ao maior símbolo turístico do Brasil.

Também no caso do antigo Hotel Paineiras e na melhoria e concessão do processo referente à exploração da conexão por trem ao Cristo Redentor, houve o ingresso da iniciativa privada, associação entre operadores e investimentos externos e privados. Nesse processo, minha empresa pode efetuar a modelagem econômico-financeira do negócio, a ser concedido pelo ICMBio por ser um ativo da união, em um momento de grande expectativa do incremento do turismo por conta da Copa do Mundo e dos Jogos Olímpicos no Brasil e no Rio de Janeiro em especial, local em que estão esses ativos turísticos importantes.

Maurênio Stortti | 99

Essas alternativas de concessão desses ativos permitiram e permitirão cada vez mais impulsionar não só parques públicos, mas também mercados centrais, como os de São Paulo, Belo Horizonte, Belém e Porto Alegre, por exemplo, tornando-os possíveis ativos a serem cada vez mais parte de investimentos privados, fusões entre possíveis operadores, interessando a fundos e grupos de investimentos com fito em boa rentabilidade e, em particular, em negócios de bom fluxo e razoável geração de caixa.

Assim tem sido em grandes cidades pelo mundo, as quais, a partir de novos desenhos urbanos, requalificaram áreas, locais públicos e privados. O mais recente e relevante é o The Vessel, em Nova Iorque, o qual levou uma região deprimida comercialmente a se tornar uma região de intensos fluxo e negócios, o que, logicamente, implicou importantes fluxos de capital do mundo inteiro.

Essas chamadas revitalizações urbanas permitiram, ao longo da recente história moderna, que cidades como Barcelona registrassem grandes modificações. Em razão dos Jogos Olímpicos de Barcelona, foram revitalizados a Rambla e o porto de Barcelona, que fazia a cidade ficar de costas para o mar. Assim, ela passou de cidade não capital para o terceiro maior fluxo de turismo da Europa, perdendo apenas para Roma e Paris, duas cidades capitais.

Esse mesmo movimento se deu em Buenos Aires, em nossa vizinha Argentina, no chamado Puerto Madeiro, e também no Rio de Janeiro, resgatando uma das áreas mais bonitas do estado, mas degradada, trazendo-a de volta a um verdadeiro cartão-postal com o Museu do Amanhã e a própria revitalização natural do porto.

Todos esses movimentos, realizados a partir de processos de concessão ou mesmo de parcerias público-privadas, estavam, acima de tudo, em um verdadeiro projeto de M&A para que essas ações fossem viabilizadas. É evidente que não foi, em nenhum dos casos, uma operação simples de capital, mas de *know-how* e capital, como de resto devem ser os grandes e consistentes movimentos de M&A, cuja realização permite uma perenidade e uma evolução na continuidade dos negócios.

Esse mesmo processo que houve nos parques e ativos públicos e que, mesmo durante o período da pandemia no Brasil, continuou existindo no tocante à estruturação, já havia acontecido nos aeroportos de capitais como Rio de Janeiro, Salvador, Florianópolis, Porto Alegre e Brasília e de não capitais como Campinas. Para não ficar apenas em aeroportos, os próprios portos foram objeto de estruturação de operações de ingresso de *players* nacionais e internacionais e de capital. É bem verdade que grandes eventos, como a Copa do Mundo, em 2014, e os Jogos Olímpicos, em 2016, foram fundamentais para as maiores impulsão e atratividade de capitais externos ao país.

O mesmo aconteceu internamente, nas estações rodoviárias do país, não apenas oferecendo melhores serviços ao próprio cidadão, mas também permitindo que esses ativos atuassem como verdadeiros hubs aos cidadãos, com negócios e turismo. Para que tudo isso aconteça, evidentemente, é necessário o binômio *know-how* e capital e as operações de M&A acontecendo como suporte às fusões e aquisições que permitem a estruturação desses negócios.

Operadoras

No caso do mercado turístico que envolve as chamadas operadoras turísticas, o grande *case* brasileiro é a CVC, que já é também a maior operadora latino-americana e uma das maiores do mundo. No período pré-pandemia, a própria CVC realizou uma trajetória de aquisições, aumentando, com isso, sua oferta de serviços e potencializando rapidamente seu faturamento, chegando a realizar vendas na ordem de 10,2 bilhões em 2017/2018, sendo esse expressivo número resultado da ampliação de um mix de investimentos em novos negócios, realizados por conta de um competente projeto de M&A. Estima-se que, de 2015 a 2017, a CVC tenha realizado aquisições na ordem de 900 milhões de reais.

Certamente, novos processos de fusão e aquisição acontecerão no mercado de operadoras turísticas no Brasil, setor esse em que a distância entre negócios no mundo de investimentos em lojas ou no on-line passa a ser a mesma coisa. Com isso, os 65 bilhões que, em 2018, representaram o faturamento desse negócio, sendo 26% nos canais on-line, dão a perspectiva cada vez maior de investimento em negócios de tecnologia e capital, o que se configura como as futuras apostas no mundo do M&A: conjugar capital e conhecimento por meio da aplicação adequada e constante de tecnologia em um mundo cada vez mais *touch*.

O setor de hotelaria

Assim como aconteceu nos grandes atrativos turísticos nacionais em distintas regiões do país no tocante às alternativas à relação com o setor privado, nesse contexto de concessões e/ou parceria público-privada, mas em especial em razão do aporte de empresas, sejam elas nacionais ou mesmo internacionais que adquiriram em parte ou totalmente essas empresas nacionais, no setor de hotelaria não foi diferente.

Na hotelaria no Brasil, as principais redes hoteleiras existentes entre o período de 1980 a 2000 sempre tiveram pretensões operacionais regionais no melhor cenário, mas a maioria com operações únicas ou centralizadas em uma ou outra cidade do país. Tivemos grandes grupos

Maurênio Stortti | 101

hoteleiros regionais em São Paulo (capital e interior), em Minas, no Rio de Janeiro, no sul do Brasil e também no Nordeste. Poucas, no entanto, foram as grandes redes ou a grande rede nacional de hotéis familiares com envergadura, como foi o caso da Rede Othon de hotéis e dos hotéis da Rede Tropical, vinculados à própria Varig, que detinha operações em diversas capitais brasileiras.

A maioria das redes era regional ou com foco local, mas, sobretudo, eram redes familiares. Havia "domínios" regionais de certas marcas, mas nunca chegaram a existir redes com pretensão nitidamente nacional ou marcas hoteleiras brasileiras nacionais com abrangência de negócios em vários estados, em especial capitais e cidades do interior. Em geral, a hotelaria tinha perfil único nas capitais e também em principais polos turísticos como Salvador, Rio de Janeiro, Foz do Iguaçu, Manaus.

Esse movimento veio praticamente dos anos 1960 até o ano 2000, quando começaram a surgir no Brasil as grandes redes internacionais, que já tinham essa pujança em outros países, como as americanas e, também, as espanholas, entre outras. A própria Embratur – empresa brasileira de turismo que classificava os hotéis em categorias de estrelas de 1 a 5 –, pela conceituação estabelecida, construía uma padronização desses modelos na medida em que esses hotéis se posicionavam operacionalmente e também construtivamente na oferta de serviços.

Esse processo na hotelaria brasileira se estendeu e se operacionalizou até o efetivo ingresso das redes estrangeiras no país. Claramente, a partir do ano 2000, em especial com a expansão da rede ACCOR no Brasil e da rede de hotéis com a marca Ibis, seja com hotéis próprios ou mesmo com franquias de sua marca, o setor cresceu e cresceu com a implementação dos conceitos não mais como categoria de estrelas, à maneira da Embratur, mas como categoria de serviços, em econômico, supereconômico, *midscale* e *upscale*, em um típico posicionamento internacional de operações.

Ingresso dos condo-hotéis

O ingresso sobretudo da rede ACCOR no Brasil fez a hotelaria nacional repensar seu modelo operacional. Também o advento da lei de franquias no Brasil e a expansão dessas redes, mas calcada na estrutura da franquia, permitiram, principalmente, a interiorização das marcas no país, momento no qual o *business* hotéis passou a ser mais que um negócio hoteleiro, em essência um negócio de *real state*, digamos assim, com um *software* de gestão hoteleiro. Com isso, passou a interessar a pequenos, médios e grandes investidores e a fundos imobiliários, em especial.

Além disso, chegou ao Brasil, inicialmente sem a intervenção da Comissão de Valores Mobiliários (CVM), mas depois também com a intervenção dela, por meio da deliberação 734 da CVM, o modelo de Condo-Hotel, por meio dos modelos legais de incorporação imobiliária com proposta de oferecer renda a seus investidores.

Esse formato permitiu uma alternativa de arregimentação de capital para incorporações imobiliárias estabelecidas no formato da Lei 4591/64, que, nesse caso, passaram a ser imobiliários com viés eminentemente hoteleiro – digamos que um negócio financeiro lastreado em um apartamento de hotel, na medida em que tem como objetivo a geração de renda para seu(s) adquirente(s). Nessa combinação entre os condo-hotéis e o crescimento por meio da modalidade de franquia pelas operadoras hoteleiras, verifica-se uma expansão importante do crescimento e a ampliação da hotelaria no Brasil, sobretudo quanto aos chamados hotéis econômicos.

Essa ampliação aconteceu em especial nas cidades do interior do Brasil, em polos econômicos ou mesmo regionais ou na combinação dos dois modelos, em um viés de negócio imobiliário cumulado com o modelo hoteleiro, mas se constituindo em uma típica operação financeira lastreada em imóvel, já que os adquirentes das unidades hoteleiras, em sua maioria, objetivavam receitas financeiras por conta de seu investimento. Isso atraiu o setor, na medida em que gerava um maior valor geral de vendas (VGV), investimentos de toda a ordem em operações que, sim, podemos considerar operações típicas de M&A.

Condo-hotéis e a multipropriedade

Na sequência, também aprovou-se a lei da multipropriedade, Lei n. 13.777, que estabeleceu o direito real de uso dessas frações. Dessa forma, impulsionou-se mais ainda o crescimento das operações hoteleiras de grande porte, especialmente. No caso da multipropriedade, entretanto, a prerrogativa de atratividade não é o ganho que o imóvel pode dar na operação, mas o próprio uso do adquirente na forma de semanas.

A alternativa da multipropriedade no modelo de turismo brasileiro gerou números também expressivos: do ano de 2019 para 2020, o crescimento de empreendimentos de multipropriedade foi de 18%; nos últimos 3 anos, no entanto, a média de crescimento vem sendo na ordem de 26% (fonte: Caio Calfati).

Nesse quesito, a multipropriedade consolidou polos tradicionais de destino, como o mercado das águas de Goiás, Gramado, Campos do Jordão, Maceió, entre outros. Na verdade, a multipropriedade pelo binômio uso na forma de propriedade de sua semana e valor venal acessível fez o mercado hoteleiro com esse viés tomar proporções de VGV, com expressivos montantes nos empreendimentos realizados no país.

Esses dois modelos de negócios imobiliários turísticos, condo-hotel + multipropriedade, em sua essência, estimulam o ingresso de novos grupos, sobretudo grupos estrangeiros que veem nesses modelos a ampliação de negócios hoteleiros cada vez mais como de perfis eminentemente imobiliários, o que proporciona, assim, um VGV expressivo e margens de rentabilidade bem acima das margens das tradicionais incorporações imobiliárias.

À medida que novos polos turísticos se consolidam, seja no mercado de interesse de estrangeiros, ou mesmo nos regionais e até nos locais, mais o *business* turístico passa a interessar a grandes grupos de capital e a grupos atraídos por crescimento por meio de aquisições. Enquanto esses ativos gerarem caixa, maior será o volume de negócios típicos do mundo de M&A por meio de fusões e aquisições.

O *senior leaving* e o crescimento da terceira idade no Brasil

Outro segmento que se consolida no mercado turístico mundial – e no Brasil, por consequência – é o chamado segmento da terceira idade, que estabeleceu alternativas de negócios de hospedagem chamadas de *senior leaving*.

O mercado da terceira idade, no mundo e no Brasil, constrói cenários robustos e impressionantes: em 2010, o mundo tinha 800 milhões de idosos; em 2030, seremos 2 bilhões de pessoas com mais de 60 anos no mundo; no Brasil, em 2010, apenas 10,3% da população era idosa. Em 2030, teremos 18,62% de pessoas com mais de 60 anos. Esse fenômeno acontecerá em quase todas as cidades do país, mas, se considerarmos as regiões que mais crescimento terão no segmento da terceira idade, se destacam as das regiões Sudeste e Sul (IBGE, Censo 2010).

Dessa forma, também no segmento da terceira idade, seja no formato de incorporação imobiliária tradicional para residenciais com serviço hoteleiro, ou até nos condo-hotéis voltados a esse segmento, haverá um incremento de oportunidades de novos negócios, seja em cidades tradicionais tidas como capitais ou mesmo em cidades com perfis eminentemente turísticos.

A expansão hoteleira e a lei de franquias

A lei da franquia no Brasil, n. 8955/94, considerada uma das melhores leis que tratam da matéria no mundo, também apoiou o turismo no país, porque permitiu o surgimento de inúmeros hotéis, sobretudo dos chamados econômicos, como ferramenta de expansão de várias bandeiras em seu território, em especial os hotéis da rede ACCOR e, muito especialmente, a marca IBIS de hotéis.

Muitas redes passaram a utilizar a lei da franquia, que, cumulada com o modelo de condo-hotel, permitia, em particular nas cidades do interior ou nas chamadas cidades não capitais, que tivessem uma rápida e constante expansão. Assim, no Brasil, a marca IBIS, por exemplo, passou a ter, nesse modelo, uma alavancagem importante na quantidade de hotéis em operação e, com isso, também houve uma ampliação do número de investidores que tinham e têm em seu portfólio de ativos negócios em hotéis na modalidade de franquia.

Novamente, nesse modelo, o M&A permite sinalizar que, seja na franquia tradicional com administração própria, ou mesmo na franquia com administração por terceiros, esse tipo de negócio passa a gerar volumes de vendas em distintos municípios e destinos do Brasil. Por essa razão, possibilita a ampliação da oferta de leitos no Brasil e da atração de novos *players* internacionais para crescerem também no Brasil, como é o caso da rede Hilton, que se desenvolveu nos EUA e no México com a marca TRU By Hilton e que, no Brasil, buscará também sua expansão através desse modelo.

Além disso, ele possibilita a empresas atuantes em uma área geográfica próxima e com perfis de economia similares comportarem o desenvolvimento de mais de uma unidade hoteleira, seja de maneira isolada, seja em conjugação com prédios comerciais, em um verdadeiro *mix used*.

Outro fenômeno interessante que ajudará a impulsionar uma franquia na hotelaria e nos negócios do turismo de uma maneira geral é a própria conectividade do hóspede para a reserva hoteleira. Em um mundo cada vez mais conectado pelo *mobile* e sendo cada vez mais esse o meio pelo qual os hóspedes buscam suas reservas, em particular no segmento *business*, ou hotelaria de negócios – como é chamada –, a capacidade das grandes marcas de obter melhores posições no ranking de oferta faz, de modo inevitável, que elas sejam as mais procuradas, em vez das marcas locais existentes atualmente na oferta hoteleira brasileira, em especial nas cidades do interior do Brasil.

O M&A como importante instrumento de apoio ao crescimento dos negócios turísticos no pós-pandemia

Poucos setores foram tão atingidos mundialmente no período da pandemia como o turístico, de um modo geral – porque foi preciso desenvolver muitos protocolos sanitários –, e, em especial, o hoteleiro, por ter em seu modelo, na maioria dos casos, a combinação de hospedagem, alimentos e bebidas no portfólio de serviços ao turista, seja ele de negócios ou de lazer.

Maurênio Stortti | 105

A pandemia do coronavírus expôs uma fragilidade no temido modelo de operação de hospedagem turística, que é o Airbnb, pois as residências até então usadas na condição de hotéis ou pousadas não têm, e não há como terem, o mesmo nível de controle sanitário que se exige nas grandes redes hoteleiras no mundo. Ao mesmo tempo, isso implicará cada vez mais tecnologia e investimentos na busca dessa evolução, pois exigirá, dos grandes operadores, ingresso de novos *players* com capital para proporcionar essa mudança e tecnologia a fim de dar velocidade e segurança a esses processos.

Algumas palavras-chave passam a ser incorporadas à realidade do mercado turístico mundial, como sustentabilidade, além de novos conceitos de urbanismo nas cidades – em especial nas grandes – e, cada vez mais, a segurança também tecnológica para conter os ciberataques aos bancos de dados dos hóspedes e dos grandes negócios como um todo.

Com isso, cada vez mais é fundamental o apoio da técnica de M&A no *trade* turístico para identificar novos entrantes e novas e constantes demandas, com o objetivo de instrumentalizar os interessados nos caminhos e nas ações necessárias ao entendimento na busca de investimentos e alternativas de capital.

M&A como ferramenta financeira para a ampliação dos negócios

Diante do exposto anteriormente, fica notório que o mercado de turismo no Brasil incorporou novos métodos de ampliação e diferenciação na oferta e na geração de negócios. Com isso, será necessário também o ingresso de mais capital para os empreendedores, a fim de que eles possam buscar, além dos canais tradicionais de financiamento e fomento, alternativas para impulsionar o crescimento dos negócios.

Outro elemento importante nessa análise é que, com a redução cada vez maior das taxas de juros no Brasil e também da rentabilidade menor nos ativos de renda fixa no mercado financeiro tradicional, o turismo, aproximando-se do segmento imobiliário, em especial pelos condo-hotéis, permitirá a conjugação da máxima de tijolo+rendimento, que comumente se usa no mercado imobiliário tradicional. Tijolo, quando se fala da segurança dos imóveis, é sempre um dogma dos negócios imobiliários clássicos, como imóveis residenciais, industriais e comerciais. No turismo, quando for possível existir a oferta de renda através das ocupações nos empreendimentos hoteleiros, por exemplo, haverá a conjugação dessa relação da segurança do tijolo com a rentabilidade decorrente da ocupação, com isso remunerando melhor o capital investido – a essência do M&A.

São os novos tempos, que, mesmo em uma perspectiva de pós-pandemia, vislumbram um cenário de bons negócios a todos.

106 | GBG

9

PASSO A PASSO DE PREPARAÇÃO DA EMPRESA PARA VENDA

No processo inicial e durante a jornada surgem questões como: O que precisa ser feito, de forma prática, no processo de preparação da empresa para venda? Por onde começar? O que é relevante? O que faz uma empresa valer mais? Onde devo concentrar a energia e os esforços? Como identificar o comprador ideal? Ao final do capítulo, estas e outras dúvidas estarão respondidas de forma ampla e com alto nível de aplicabilidade.

MOACIR VIEIRA DOS SANTOS

Moacir Vieira dos Santos

Contador pela Universidade Estadual de Londrina, Especialização em Controladoria e Finanças pela PUC-PR, Pós Graduação em Consultoria Contábil pela Universidade Federal do Paraná e MBA em Controladoria pela FIPECAFI-SP. Fundador do Grupo Value, empresa especializada em finanças, controladoria e M&A com clientes atendidos no Brasil e exterior. Mentor na Founder Institute, mentor na Hotmilk (PUC-PR), sócio e investidor anjo na Smart Value Investment S/A, Conselheiro de administração pelo IBGC – Instituto Brasileiro de Governança Corporativa, professor convidado para disciplinas de pós graduação na PUC-PR, ISAE/FGV e programas de educação corporativa para Sistema FIEP, mantenedor e colunista do portal gestãodacrise.com.br.

Contatos
www.grupovalue.com.br
moacir.vieira@grupovalue.com.br
LinkedIn: www.linkedin.com/in/moacirvieira/
43 3321-7820

Decidir pela venda da empresa independentemente do porte ou da estrutura societária é um dos processos mais difíceis a ser executado, porque envolve aspectos de alteração de controle, admissão de um novo sócio e mudanças de rumos estratégicos da companhia. Além do mais, esta decisão, principalmente em empresas familiares, significa um processo de desprendimento e carga emocional muito grande e, por mais profissional que seja o processo da venda, haverá momentos da negociação em que fatores pessoais, emocionais e diferenças de expectativas entre os sócios podem significar o sucesso ou fracasso da transação.

Portanto, quanto maior for a antecedência para tratar o assunto, melhor será a palatabilidade do tema junto aos fundadores e membros da família. É recomendável que aspectos não financeiros sejam temas prioritários no processo inicial de preparação da empresa para vendas. Questões como sucessão, governança, e a comunicação entre os herdeiros devem ser tratadas de uma forma muito madura e transparente.

Ainda nessa fase inicial, é importante a discussão sobre os aspectos dos motivos da venda da empresa, por mais óbvios que sejam; não ter clareza sobre isso, pode acarretar muitos problemas no futuro. Exemplificando, a estratégia e abordagem de mercado na venda da empresa por motivo de aposentadoria ou por falta de sucessor é totalmente diferente da venda por questões de dificuldades financeiras. É muito provável que, nos cenários ilustrados, os potenciais compradores não sejam os mesmos e as teses de investimentos podem ser totalmente diferentes.

A partir da análise e discussão sobre esses assuntos, assegura-se que todos os envolvidos estejam alinhados nas mesmas perspectivas e são iniciadas as análises do processo de venda para os passos seguintes. Esse momento é oportuno para definir os objetivos e realizar o planejamento da saída total ou a venda parcial das quotas ou ações da empresa.

Recomenda-se que, desse ponto em diante, seja feito o planejamento de cada etapa e o detalhamento de um plano de ação e de um cronograma do escopo do projeto dividido nas etapas abaixo:

Planejamento

Fatores críticos de sucesso

Na fase de planejamento, é importante definir os FCS (Fatores Críticos de Sucesso), porque isso é fundamental para facilitar as ações das etapas seguintes, em que é necessário demonstrar quais são os diferenciais competitivos da empresa e o quanto há de atratividade de investimento.

Cada segmento da economia tem suas peculiaridades inerentes ao seu negócio, todavia, alguns itens são quase que universais e devem compor os FCS de qualquer empresa, exemplos: mercado, cliente, equipe e diferencial competitivo.

Sobre o mercado, é necessário o entendimento profundo de informações sobre o tamanho do segmento que a empresa atua, quais são as barreiras de entrada, pontos fracos e fortes dos concorrentes, nível de inovação do setor e o quanto a empresa está em conformidade em relação às regulamentações governamentais.

Em relação a clientes, é preciso demonstrar o nível de relacionamento e satisfação, recorrência da carteira conforme modelo de monetização. Importante correlacionar o *share* da carteira de clientes em relação ao tamanho do mercado porque o futuro comprador, provavelmente, vai querer entender se a empresa está em fase de expansão ou já está consolidada no mercado.

Sobre equipe, é necessário manter ou desenvolver uma equipe gerencial que tenha competência e *performance* de entrega de resultados, independentemente da atuação dos proprietários atuais. Isso fará com que se solidifique o valor da empresa.

E, por fim e não menos importante, é vital deixar muito claro quais são os diferenciais competitivos da empresa. Algumas perguntas precisam ter respostas claras e fundamentadas, tais como: em que o produto/ serviço da empresa é melhor do que os concorrentes? O que diferencia a empresa no mercado? Qual solução, dor ou necessidade que a empresa atende? Quais são os produtos substitutos no mercado? Qual impacto a empresa tem na sociedade? Qual o nível de excelência da gestão?

Valuation e teaser

Antes de fazer o *valuation* (avaliação do valor da empresa), é importante que os sócios já tenham decidido e contratado uma empresa de consultoria especializada em F&A (fusões e aquisições), que irá intermediar e representar a empresa em todo processo da venda. Ter uma empresa especializada, como assessora financeira, proporciona o benefício de um time de especialistas no assunto e o processo tende a ser mais profissional e imparcial, além de proteger os interesses da empresa, filtrando e não expondo os sócios a especulações. Além disso, propicia, aos gestores, manter o foco no dia a dia da operação da empresa.

Em relação a processo de elaboração e metodologia do *valuation,* o mais recomendável é que a consultoria contratada tenha capacidade técnica para fazer uma avaliação e, nela, considere três visões extremamente importantes e não excludentes: ***fair value*** (valor justo), **valor de mercado** e **matriz de sensibilidade.**

Para ficar mais claro o que é cada uma das visões, temos o seguinte exemplo: uma empresa fez o *valuation* de acordo com o método mais utilizado no mercado (fluxo de caixa descontado) e o valor tecnicamente validado em todas suas premissas foi de R$ 100 milhões (***fair value* ou valor justo),** todavia, ao fazer a comparação com transações realizadas de F&A de empresas do mesmo setor, o múltiplo médio é de 5x o EBITDA que, aplicando a realidade da empresa, seria de R$ 85 milhões **(valor de mercado).**

É muito comum que haja essa diferença ilustrada no exemplo, porque, do ponto de vista do investidor, o *valuation* só se justifica quando o *fair value* for superior ao valor de mercado, caso contrário, não faz sentido comprar uma empresa em que toda expectativa de crescimento e valoração já esteja precificada, já que, neste caso, dificilmente haverá ROI (retorno sobre investimento) que viabilize a transação.

Portanto, o *valuation* deve compor uma série de premissas que possam balancear quais os valores mínimo e máximo da empresa (**matriz**

de sensibilidade). Nesse momento, os FCS (fatores críticos de sucesso) fazem toda diferença na apresentação e defesa de uma proposta arrojada e que seja factível e viável ao vendedor e ao comprador.

Uma fase importante, e que muitas vezes não é tratada com a atenção devida, é a preparação do *teaser,* que é o documento de apresentação da empresa para prospecção no mercado. Esse deve ser um material muito bem elaborado, com bom design gráfico e que demonstre profissionalismo e informações relevantes, que despertem interesse no comprador.

Não há um padrão de informação que deva constar no *teaser,* porque isto varia de acordo com o nível de confidencialidade e estratégia acordado entre a assessoria financeira e a empresa e as informações que são relevantes de acordo com cada segmento.

Mas, de forma geral, algumas informações são quase que mandatórias para constar em um *teaser* profissional, sendo elas: segmento, dados de mercado, modelo de negócio, área de atuação, diferenciais competitivos, tipo de transação (fusão, venda total, parcial, *join venture* etc.), dados financeiros (macros, sem muitos detalhes), exemplo: faturamento e EBITDA dos últimos anos e os dados de contato do assessor financeiro da empresa.

Preparação

Perfil do potencial comprador

O que garante que uma transação de venda será concluída satisfatoriamente é o balanceamento da vontade e o apetite das partes em fazer o negócio. Portanto, entender qual é perfil do potencial comprador da empresa é importante para estabelecer premissas e metas da transação.

Dependendo de quem seja o comprador, o preço pode ter variação relevante; por exemplo, um comprador estratégico é aquele que foca na operação da empresa e tem a tese de investimento de adquirir a empresa para incorporação em outro negócio existente ou que tenha sinergia com outros negócios. Geralmente, eles têm visão de retorno de mais longo prazo. Já o comprador financeiro preza pelo retorno no médio e curto prazo; habitualmente, compram empresas em que possam se beneficiar para melhorar seu retorno ou, às vezes, para consolidar sua posição em determinado setor. Muitas vezes, compradores deste perfil são fundos de investimentos de *venture capital* ou *private equity,* que fazem a aquisição com uma tese de desinvestimento (saída por venda da empresa) em determinado prazo, buscam comprar no menor preço, alavancar o negócio e vender, no futuro, pelo maior preço. Ou seja, o foco é geração de valor por meio de ágio e valorização da empresa.

Entender quem é o potencial comprador do negócio é fundamental para estabelecer as metas de preparação da empresa para venda. Se o negócio, por exemplo, for uma indústria de produtos muito específicos e ou de um segmento muito nichado, dificilmente a empresa terá atratividade para fundos de investimentos; neste caso, o potencial comprador será estratégico e, portanto, o foco da preparação da empresa para venda deve ser na compreensão dos benefícios da combinação dos negócios, como aumento do poder de compra com fornecedores, barganha com clientes, eficiência de pessoal, redução de despesas administrativas, melhorias na estrutura de capital de giro, entre outros ganhos de sinergia.

Por outro lado, se o negócio é do ramo de tecnologia, serviços ou que possua características de alta escalabilidade, é muito provável que o possível comprador seja do perfil financeiro, portanto, o foco da preparação para venda é de melhorias nos sistemas de informações gerenciais, qualidade e transparência dos relatórios financeiros, complemento de portfólio de produtos, recorrência da carteira de clientes e diferenciais complementares aos negócios já adquiridos pelo comprador.

Governança corporativa

Não importa se o potencial comprador é estratégico ou financeiro; ambos vão demonstrar maior apetite por investimento em empresas que estão organizadas tanto do ponto de vista operacional quanto societário.

Neste quesito, toda empresa que deseja atrair investimentos, precisa ter uma estrutura de governança corporativa robusta e ser incorporada na cultura organizacional da empresa e dos sócios.

O modelo de GC (governança corporativa) é importante porque traz o alinhamento de interesses entre todas as partes, transparência da empresa e segurança de que há boas práticas de gestão implementadas. Ou seja, a empresa demonstra ter um nível de maturidade de gestão onde o investidor terá maior tranquilidade para assumir o controle da empresa ou participar da sociedade. Há inúmeros casos de M&A em que o comprador optou em fazer investimento em uma empresa menor que a concorrente porque esta tinha uma governança corporativa mais estruturada e, portanto, trazia mais confiabilidade. Ou seja, **governança corporativa faz a empresa valer mais no mercado.**

Alguns instrumentos são primordiais para demonstrar que a empresa tem boas práticas de GC implementada, tais como: acordo de sócios, conselho de administração ou consultivo com participação de conselheiros independentes, estrutura de diretorias claramente definidas, orçamento empresarial aprovado com definição de alçadas, código de conduta, regras de *compliance* implementadas, gestão de riscos, políticas de remuneração de diretores, planejamento estratégico e outras práticas que, em suma, garantam a transparência, equidade, prestação de contas e responsabilidade corporativa da empresa.

Controladoria e finanças

A clareza dos números e a qualidade das informações financeiras fazem toda diferença na velocidade de negociação e, não raras vezes, um negócio deixa de ser fechado por falta ou insegurança na qualidade das informações contábeis e financeiras. Portanto, investir no departamento de controladoria, além de propiciar o benefício de os sócios terem um negócio nas mãos e nos olhos, é uma garantia de que em uma futura negociação não haverá dificuldades em apresentar e defender os números tanto do realizado quanto das projeções.

A controladoria da empresa tem como missão apontar com precisão as áreas que precisam de interferência para entregar melhores resultados que, por sua vez, garantirão o melhor *valuation* da empresa. Alguns exemplos podem ser mais bem ilustrados na tabela abaixo:

Áreas	Boas práticas
Finanças	Integração e segurança das informações financeiras.
Ativos Fixos	Controle e conciliação contábil e física dos bens imobilizados e testes de *impairment* atualizados.
Tributária	Implementação de rotinas de *check up* e *compliance* fiscal.
Labor	Mensuração e plano de ação contínuo e atualizado sobre o grau de riscos na área trabalhista.
Orçamento	Alto nível na qualidade dos relatórios gerenciais e análises das oscilações entre orçado e realizado.
Capital de giro	Nível de acompanhamento das variações de giro das principais contas: receber, pagar e estoque.
Fluxo de caixa	Acompanhamento *real time* do *Forecast* – previsão de recursos em curto prazo.
Controles internos	Processos mapeados e padronizados em todos setores com instruções de trabalho atualizadas.

Além disso, é altamente recomendável que a empresa tenha as demonstrações financeiras auditadas com firmas reconhecidas no mercado e que reforce a qualidade e os sistemas contábeis e de controles internos e, desta forma, consiga melhorar a qualidade dos relatórios gerenciais que reflitam a real situação da empresa em todos seus aspectos.

Gestão de contingências

Em negociações de compra e venda de empresa, inevitavelmente, há grandes chances de ocorrer uma discussão entre as partes sobre retenção ou desconto de contingências reconhecidas, possíveis e ocultas. Ou seja, ter uma gestão sobre os riscos da empresa, tanto de fatos já ocorridos quanto futuros é uma forma de trazer para dentro da empresa uma cultura de gestão proativa, que antecede a solução dos problemas antes de acontecerem.

Portanto, é recomendável que se faça uma *due diligence* prévia em que seja feita a análise da situação dos instrumentos societários da empresa, revisão dos acordos de sócios, contrato ou estatuto social e seja feito uma varredura completa sobre o contencioso da empresa, os valores envolvidos e respectivas provisões, informando o grau de risco das ações.

Nesse processo de gestão de contingências é recomendável atentar para revisão de todos tipos de contrato, como arrendamentos mercantis, aluguel, fornecimento de produtos, serviços, seguros e contratos financeiros.

Outro ponto muito importante é a análise dos direitos sobre a propriedade intelectual da empresa, patentes, contratos de exclusividades e questões ambientais. Há muitos casos, relatados no mercado, em que o negócio não foi concluído por falta de registro e falta de conformidades e adequações aos órgãos reguladores ou porque as licenças ambientais estavam incompletas ou com inconformidades que aumentavam significativamente o risco de autos de infração com multas "impagáveis" que inviabilizariam o funcionamento da empresa.

Recomenda-se, ainda, verificar se os contratos da empresa e a relação com os empregados estão adequadas às leis anticorrupção (Lei 12.846/2013), bem como as novas exigências advindas da LGPD – Lei Geral de Proteção de Dados (Lei 13.709/2018).

Todas essas análises feitas com antecedência ajudam na adequação dos procedimentos internos. Dependendo de como está a situação da empresa e se há um volume muito alto de provisão de contingências, talvez seja melhor esperar um pouco mais, organizar a casa, acertar o que está em desconformidade para reduzir esses passivos para então ir para a próxima fase de prospecção de comprador ou investidor para a empresa.

Abordagem de mercado

Estratégia de approach

Oferecer um disco de vinil de um cantor dos anos 80 para um adolescente de 13 anos, provavelmente, não fará o menor sentido e a reação dele deve ser de total desinteresse. Porém, esse mesmo o objeto pode ter um valor incomensurável para uma pessoa acima de 60 anos. Ou seja, conhecer e entender os desejos do comprador é a chave do sucesso para qualquer venda e isso não é diferente no mercado de fusões e aquisições.

A partir do momento em que a empresa, em conjunto com a consultoria, faz um mapeamento de mercado, identificando potenciais compradores de acordo com o perfil da empresa e a tese de investimentos, fica muito mais fácil de fazer uma abordagem de mercado de forma mais assertiva.

Nessa fase, todo cuidado é pouco. Uma abordagem mal sucedida pode trazer pessoas mal intencionadas, especuladores e concorrentes disfarçados, que no fundo querem apenas ter acesso a informações confidenciais e privilegiadas. Por isso, fazer a preparação da empresa e o dever de casa bem feito, considerando as recomendações do tópico "Perfil do potencial comprador", fará com que a abordagem de mercado seja direcionada aos potenciais compradores que tenham o perfil desejado e aderência; e a abordagem será feita de modo profissional, com todas proteções de sigilo e confidencialidade.

Negociação

Nessa etapa, você já está na fase em que o *approach* foi feito, o comprador demonstrou interesse, foram feitas as assinaturas dos termos de confidencialidade, a empresa já recebeu o *teaser,* fez questionamentos sobre as informações recebidas, recebeu e analisou o *valuation*, fez observações, críticas e tirou dúvidas técnicas.

Após isso, é apresentada a proposta ou dependendo do caso a contraproposta pelo comprador. Geralmente, nas transações profissionais, que têm assessores financeiros, a discussão tem um caráter bastante técnico com defesa de premissas e embasamento entre as partes. Como qualquer negociação, há estratégias dos dois lados; o lado comprador vai buscar o menor preço e o lado vendedor vai defender o maior preço.

116 | GBG

A recomendação é que o lado vendedor tenha um plano que demonstre de forma clara e mensurável a combinação de negócios diretos que o possível comprador alcançará com a compra da empresa. Tecnicamente, essas capturas de valores são chamadas de sinergias diretas, que podem ser alcançadas por meio de:

- Redução de despesas com pessoal em área de *backoffice* (TI, Contabilidade, financeiro, jurídico etc.).
- Ganho de margem por maior volume de compras junto ao principal fornecedor.
- Redução tributária por abatimento de ágio sobre *goodwill* (Lei 12.974/2014).
- Potencial de crescimento e ampliação de *market share* pelo aumento de força de vendas.
- Ganho intangível de capital intelectual.

Por isso, mais uma vez, recomenda-se, a título de reforço, que conhecer profundamente o potencial comprador apoiará a demonstração de forma mensurável e com fundamento persuasivo que a empresa vale o que está sendo apresentado por meio do *valuation*.

Se as partes conseguirem entender e concordarem com as sinergias, se as expectativas dos sócios forem atingidas ou ficarem próximas do desejado e se as condições oferecidas pelo vendedor forem adequadas e os valores do negócio estiverem na faixa entre o *fair value* e o **valor de mercado,** é muito provável que a transação caminhe para a fase de fechamento.

Fechamento

Nessa fase, em que os valores e condições gerais foram acertados entre as partes, inicia-se a fase de assinatura da LOI *(letter of intention)*, que é o termo de intenção de compra que define os principais pontos que constarão no futuro contrato de compra e venda e serve como concordância legal entre as partes para a negociação.

Nessa etapa, é normal que o controle emocional das partes envolvidas já esteja alterado, porque para chegar até esse ponto muitas reuniões, discussões e conflitos de opiniões ocorreram, aliás, muitas transações ficam pelo meio do caminho e não chegam nessa etapa. Portanto, manter as emoções e controlar a ansiedade entre os dois lados é fundamental para chegar no fechamento do negócio.

Com a LOI assinada, geralmente inicia-se a DD *(due diligence)* por parte do comprador. A empresa que fez um bom planejamento de preparação tem poucas chances de ter surpresas, principalmente se tem uma boa gestão de contingências.

Finalizando esse processo, é apresentado o resultado da DD e discutem-se os pontos de ressalvas, graus de riscos e se há contingências relevantes que podem impactar na negociação original.

Todos estando de acordo, o próximo passo é a substituição da LOI pelo Contrato de Compra e Venda, no qual constará de forma oficial e definitiva as cláusulas da negociação.

Normalmente, nessa fase de fechamento (*closing*), recomenda-se que seja elaborado um termo de fechamento, constatando o final da negociação, definindo a troca da gestão, senhas dos bancos, procurações, e todos os aditamentos contratuais, assinatura de documentos necessários para dar registro nos órgãos públicos.

Por fim, é normal que reze no contrato definitivo uma cláusula que trate de indenizações em caso de, por exemplo, aparecer passivos que até então eram ocultos ou efetivação de contingências em que o fato gerador seja da época da sociedade anterior.

Ainda há todo processo de integração, passagem de bastão, comunicação ao mercado e quanto mais transparente, profissional e integrada for essa fase, mais exitosa será a transação com sentimentos de prosperidade e missão cumprida a todos os envolvidos.

10

OPERAÇÕES DE M&A COMO ESTRATÉGIA EMPRESARIAL EM TEMPOS DE CRISE

Neste capítulo, você entenderá a importância da preparação das empresas em tempos de crise, para que participem de estruturações de operações de M&A quando a crise findar, já que fundos de investimentos retomarão negócios com força total e grandes *players* de mercado estarão capitalizados a novas aquisições. Lembrando que, quanto mais dinheiro as empresas precisarem, menor o poder de negociação delas junto a possíveis investidores/compradores.

PRISCILA SPADINGER

Priscila Spadinger

É CEO da Aleve Legaltech Ventures, atua como advogada em operações de M&A e é sócia da banca Andrade Silva Advogados. É especialista em M&A pelo Insper/SP, em *Business Law* pela Fordham University School of Law/NY, em Mercado de Capitais pela GVLaw/SP, com MBA em Direito da Economia e da Empresa pela FGV/SP. Graduada em Direito pela Faculdade de Direito Milton Campos e técnica em Química pelo Cefet/MG. *Founder* da startup ADDHERE e *cofounder* da *startup* Mulheres Elétricas. Tem experiência de mais de 20 anos com negociações empresariais complexas e intermediação de compra e venda de empresas privadas. Mãe do Arthur e da Isadora.

Contatos
LinkedIn: Priscila Spadinger
11 99374-7777

Você precisa estar sempre insatisfeito.
Quando você obtém um sucesso e realiza grandes coisas, o seu
maior desafio é combater a complacência. Sempre devemos
pensar que podemos fazer melhor, ser melhores.

Michael L. Eskew, ex-CEO da UPS

Antes de mais nada, fusão ou aquisição?

Operações de M&A, do inglês *mergers and acquisitions* e em tradução literal *fusões e aquisições*, sempre existiram na história das negociações empresariais mundiais. No Brasil, esse movimento teve forte crescimento no início dos anos 1990, com a abertura de seu mercado à globalização, o fim do processo hiperinflacionário promovido pelo Plano Real e a retomada do crescimento de nossa economia – ao menos até a presente crise mundial proveniente da pandemia da COVID-19.

M&A nada mais é do que uma "combinação de negócios" que busca otimizar o processo de crescimento das empresas, sendo esse assunto um grande dilema nas discussões estratégicas quando comparado ao do crescimento natural e orgânico das instituições.

Enquanto isso, uma empresa nada mais é do que "uma coleção de projetos", segundo Brealey & Meyers (1999).

Empresas pequenas, focadas em nichos ou segmentos de mercado, em geral, conseguem bons lucros e estão protegidas dos ataques de concorrentes – mas até quando? Para algumas delas, crescer nem sempre é uma opção factível. Com frequência, o crescimento é buscado de maneira orgânica, seja via retenção de lucros, seja por novos aportes dos próprios sócios da empresa. Eventualmente, alguma dívida é utilizada para o crescimento, apesar de seus custos. Mas esse é um crescimento limitado, e dificilmente irá permitir à empresa superar o "vale da morte" entre o nicho e o mercado amplo. Novos sócios podem ser a única solução, trazendo dinheiro para suportar a expansão, principalmente por aquisições.

O primeiro desafio é definir uma "transação de M&A", o que não é tão simples quanto parece. Segundo a PricewaterhouseCoopers (PwC), uma transação de M&A pode abranger as seguintes possibilidades (Classificação utilizada pela PwC – 2013):

1. Aquisição de participação controladora (maior que 50% do capital da empresa adquirida).
2. Aquisição de participação não controladora (menor que 50% do capital).
3. *Joint venture* (dois ou mais sócios criam uma nova empresa, mas os sócios continuam a existir como operações independentes).
4. Fusão (duas ou mais empresas se juntam e deixam de existir isoladamente, dando origem a uma terceira nova empresa. Ou seja, A + B = C, em que C é a nova empresa).
5. Incorporação (uma empresa absorve as operações de outra que deixa de existir, ou seja, A + B = A.
6. Cisão (uma empresa é dividida para surgir outra, ou seja, A se transforma em A' e A, independentes).

Todas essas situações podem se combinar, por exemplo: uma empresa que faz uma cisão de uma unidade de negócio para formar uma *joint venture* com uma terceira empresa. Entretanto, historicamente, a maior parte das transações de M&A envolve aquisições de participações majoritárias, isto é, do tipo (i). Vale ressaltar que, das 789 transações registradas em 2013, 55% foram do tipo (i), segundo a PwC (2013).

Independentemente do modo como a transação de M&A se materializa, na essência, há sempre alguém que vende parte ou o todo de um negócio e alguém que o compra.

Cenário M&A no Brasil pré-crise da COVID-19

O ano de 2019 foi marcado pelo início do governo Bolsonaro, com todas as expectativas e dúvidas que o cercavam, bem como por um dado histórico registrado ao tratarmos do número de operações de M&A concretizadas. Pela primeira vez, foram registradas mais de mil transações em único ano no país, mais especificamente 1.231 operações, segundo a KPMG.

Vivíamos um momento de recuperação econômica, com uma grande vitalidade do segmento de tecnologia, a aprovação da Reforma da Previdência e a sinalização de que outras prováveis reformas importantes também viriam a reboque, dentre elas a administrativa e a do Judiciário, e os mercados estavam otimistas quanto às perspectivas fiscais para o país.

Avanços como esse na área econômica se refletiram nos principais índices do mercado financeiro. No dia 19 de junho de 2020, o índice Bovespa rompeu a barreira dos 100 mil pontos e encerrou o dia cotado a 100.303, recorde de fechamento até então. Com os dados atualizados até 16 de dezembro, o índice acumulava alta de 23% em 2019[1].

O cenário econômico para 2020 era bastante otimista, pois estava sendo moldado sob um crescimento saudável do ponto de vista fiscal, pautado em austeridade e puxado por investimentos do setor privado.

Por via de consequência, também o cenário 2020 quanto às possíveis novas operações de M&A era muito positivo, pois as consolidações das reformas mencionadas destravariam o ambiente de negócios e fariam que tanto investidores locais quanto estrangeiros aumentassem o nível de confiança em relação ao Brasil e decidissem realizar investimentos por meio da aquisição de empresas por aqui.

E mais: o indicativo de juros baixos ajudaria a catapultar ainda mais esse mercado, já que facilitaria as condições de financiamento das operações dele. Além disso, o dólar teria um ajuste razoável projetado para 2020, o que somaria positivamente a fim de que essas operações de fato se consolidassem, já que parte dos recursos delas vem de outros países.

Logo, tudo levava a crer que iríamos iniciar, em 2020, um novo ciclo de alta da economia. Era consenso, entre os economistas, que o "fundo do poço" já havia sido alcançado, e o otimismo em relação aos próximos anos era alto.

E eis que o inesperado vírus da COVID-19 trouxe uma das mais graves crises mundiais, nunca antes vivida pela humanidade, com consequências ainda em andamento.

Cenário 2020 Brasil – crise da COVID-19 e a estratégia de M&A para acelerar a transformação em um ambiente econômico global incerto

Segundo relatório publicado em 30 de março de 2020 pela Ernest Young (EY), mais de 70% dos mais de 2.900 executivos entrevistados em todo o mundo pretendiam realizar operações de M&A nos 12 meses seguintes.

Esse número surpreendeu os mais desavisados, que se concentraram apenas nas ruas vazias, nas centenas de milhões de pessoas em confinamento, nas instalações de produção inativas e nos aviões parados em

---

[1] Fonte: B3

aeroportos abandonados. Mas esses executivos precisavam considerar a crise da COVID-19 a longo e a curto prazos, respondendo com urgência e preparando-se para o que viria a seguir, já pensando além.

Segundo Márcio Coimbra, em seu artigo "Novo comércio internacional", publicado no jornal *O Estado de São Paulo* de 11 de junho de 2020, fato é que novos caminhos estão se abrindo, e aqueles países que souberem se adequar ao que se convencionou chamar de "nova realidade comercial global" podem fazer suas economias responderem rapidamente.

Nesse ponto, Márcio concluiu que o Brasil pode ir além, já que novos desenhos e arranjos são delineados, com chance para o país trabalhar uma agenda inteligente, atraindo parcerias, impulsionando a economia e a geração de empregos. Certamente, tudo isso contribuirá para o aumento das operações de M&A ainda no cenário da COVID-19.

A necessidade das empresas de "arrumar a casa" e se preparar para possíveis estratégias de M&A no cenário pós-COVID-19

Até a data de redação deste capítulo, não havia qualquer sinal de forte reativação da economia, pois o compasso da espera por uma vacina ainda era grande.

Vale ressaltar a existência de 3 tipos de empresas durante a crise da COVID-19:

- Aquelas com caixa curto – máximo de 3 meses
- Empresas com caixa médio – 6 a 12 meses
- Empresas com caixa alto – mais de 12 meses (têm maior poder de barganha em negociações)

O nível de urgência para a tomada de decisões quanto a uma possível estratégia de M&A deveria ser proporcional a essas 3 situações, já que empresas com caixa curto têm máxima prioridade para a sobrevivência e não há tempo hábil a fim de se prepararem em busca do momento mais oportuno que virá em um breve futuro para M&A.

Às empresas com caixa alto e àquelas com caixa médio, recomenda-se que "arrumem suas casas", no sentido de "azeitarem" suas operações para melhores negociações de M&A em um breve melhor cenário econômico.

A COVID-19 trouxe oportunidades muito boas às empresas e/ou aos investidores que estão capitalizados e em busca de ativos interessantes conforme suas teses de investimentos. Aquelas com caixa curto são fortíssimas candidatas a serem compradas em condições muito favoráveis no mercado, sob a ótica do *buy side* (parte compradora).

Como sintomas da crise da COVID-19 nas empresas em geral, vale destacar os seguintes:

124 | GBG

1. Perda de capital de giro.
2. Aumento do endividamento bancário e mudança do perfil de endividamento de longo para curto prazo.
3. Financiamento de suas operações através de tributos.

O fato é que endividamento não retrata se uma empresa está em crise ou não. Seu caixa, sim! Em operações de M&A, endividamentos são até bem vistos, por serem geralmente mais baratos do que dinheiro próprio dos sócios aplicado.

Os mencionados sintomas dão um pontapé inicial importante para que as organizações empresariais vejam com bons olhos a ação de partir para negociações de M&A – sempre recomendáveis, desde que bem assessoradas por profissionais experientes de mercado.

Momento de crise – por que buscar um sócio pode ser uma boa estratégia?

Show me the Money!
Frase do jogador de futebol americano
Rod Tidwell, representado pelo ator Cuba
Gooding Jr. no filme *Jerry Maguire* (1996).

Vale destacar que o brasileiro sabe, sim, lidar muito bem com crises. Empresários estão acostumados a lidar com cenários assim, dada a conjuntura histórica do país, sempre envolta em crises das mais diversas. Mas lidar com tudo isso sozinho ou com "poucas cabeças" estratégicas nos negócios nem sempre é o melhor caminho. Sugere-se olhar ao redor e para outras formas de negócios, dividindo tarefas, responsabilidades e, por consequência, o estresse do(s) sócio(s). Daí ser tão importante se autoconhecer e identificar se é ou não o momento correto para a estruturação de um M&A no negócio.

Em síntese, seguem razões importantes pelas quais buscar um sócio pode ser, sim, uma boa estratégia:

• A empresa é pequena demais para competir com líderes de mercado.
• Interesse em consolidação de mercado via operações de fusões e aquisições entre concorrentes e consequente aumento de competitividade.
• Foco em crescer somando forças com alguns fornecedores e/ou concorrentes.
• Foco em crescer ampliando portfólio de produtos ou atuações em novas regiões.

Priscila Spadinger | 125

- Posse de um fundo de investimento em participações (FIP), investindo na empresa visando a "preparar a noiva" para estratégia de venda futura da empresa, com um melhor *valuation*, implementando melhores políticas de governança, *compliance* etc., valorizando o ativo perante o mercado.

Vale aqui repetir que o momento da crise da COVID-19 – caso a empresa tenha possibilidade – é o de "arrumar a casa", organizando seus processos internos, documentos contábeis e jurídicos, estruturando governança e *compliance*, para então partir em busca de possíveis novos sócios.

Como a indústria de *funding* está vendo o cenário da COVID-19

> *O essencial é invisível aos olhos.*
>
> Saint-Exupéry (2004, p. 72)

Há diferentes formas de uma empresa conseguir recursos para investimentos internos em sua operação. Observando o mercado tradicional, o exemplo mais comum dessa captação são os empréstimos bancários.

Mas, quando se fala em crescimento, expansão e consolidação de mercado, *funding* é a palavra da vez.

Funding é a captação de recursos financeiros para o investimento específico pré-acordado em uma empresa. Ademais, *funding* é importante para o mercado atual pelo fato de os recursos das empresas serem limitados. Por isso, com a estratégia de captação de recursos, é possível investir em inovação e crescimento sem ser necessário comprometer o capital para a manutenção da organização em seu campo de atuação.

Existem vários tipos de *funding*, dentre eles o investidor anjo, o *seed capital*, o *venture capital*, o *venture building* (ou *startup studio*), o *private equity*, o *bootstraping*, o *crowdfunding* e as aceleradoras, assim rapidamente conceituados, segundo o *site Wikipédia*:

- *Seed capital* (capital semente): é um modelo de financiamento dirigido a projetos empresariais em estágio inicial ou estágio zero, em fase de projeto e desenvolvimento, antes da instalação do negócio, no qual um ou mais grupos interessados investem os fundos necessários para o início do negócio, de maneira que ele tenha fundos suficientes para se sustentar até atingir um estado em que consiga se manter financeiramente sozinho ou receba novos aportes financeiros.

• *Venture capital* (capital de risco): é uma modalidade de investimentos alternativos utilizada para apoiar negócios por meio da compra de uma participação acionária, geralmente minoritária, com o objetivo de ter as ações valorizadas para posterior saída da operação. Chama-se capital de risco não pelo risco do capital – porque qualquer investimento, mesmo a aplicação tradicional em qualquer banco, tem um risco –, mas pela aposta em empresas cujo potencial de valorização é elevado e o retorno esperado é idêntico ao risco que os investidores querem correr. Esse financiamento está associado a negócios que estão começando, em fase de expansão ou em mudança de gestão. Qualquer dessas situações tem um risco muito elevado associado à incerteza do projeto em que a empresa se encontra.

• *Venture building* ou *startup studios:* é uma empresa semelhante a um estúdio que visa construir várias empresas em sucessão. Esse estilo de construção de negócios é conhecido como "empreendedorismo paralelo".

• *Private equity* (capital privado): é um tipo de atividade financeira realizada por instituições que investem essencialmente em empresas que ainda não são listadas na bolsa de valores, ou seja, ainda estão fechadas ao mercado de capitais, com o objetivo de captar recursos para alcançar o desenvolvimento da empresa. Esses investimentos são realizados via "empresas de participações privadas", que geram os "fundos de *private equity*" (FPE).

• *Bootstraping:* é um termo de origem inglesa que se originou na década de 1880 como um acessório para ajudar a calçar botas e, gradualmente, adquiriu uma coleção de significados metafóricos adicionais. O tema comum a todos esses significados é a realização de um processo sem ajuda externa, mas com etapas de facilitação interna. Em administração, o conceito é usado no campo do empreendedorismo para designar o início de novos negócios sem volumes grandes de investimentos financeiros. O empreendedor que faz *bootstrap* usa seus próprios recursos, normalmente escassos e limitados, para iniciar seu negócio. A figura do empreendedor que começa seu negócio na garagem de sua casa ou em seu próprio quarto caracteriza bem o conceito de *bootstrap*. Nesse sentido, fazer *bootstrap* é um caminho escolhido por empreendedores que não querem se sujeitar às limitações impostas por um investidor, que pode opinar em seu negócio. Fazer *bootstrap* é o caminho esperado para o empreendedor que não quer perder a autonomia sobre seu negócio, prefere começar pequeno e crescer devagar do que ter um rápido crescimento, mas sem controle sobre seu negócio.

• *Crowdfunding* (financiamento coletivo): consiste na obtenção de capital para iniciativas de interesse coletivo por meio da agregação de múltiplas fontes de financiamento, em geral pessoas físicas interessadas na iniciativa. O termo é, muitas vezes, usado para descrever especificamente ações na Internet com o objetivo de arrecadar dinheiro para artistas, jornalismo cidadão, pequenos negócios e empresas emergentes, campanhas políticas, iniciativas de *software* livre, filantropia e ajuda a regiões atingidas por desastres, entre outras. É usual que seja estipulada uma meta de arrecadação, que deve ser atingida para que o projeto seja viabilizado. Caso os recursos arrecadados sejam inferiores à meta, o projeto não é financiado e o montante arrecadado volta para os doadores.

Levando-se em consideração o cenário da crise mundial da CO-VID-19, os *fundings* têm visto possíveis novas operações de M&A:

• Investidores anjo e capital semente: continuam investindo, pois observam cenários de longo prazo. Continuam abertos às novas oportunidades de empresas com boas teses de investimento.

• Série A (momento seguinte ao investimento anjo – *seed capital*): continua com fortes investimentos, pois os fundos estão muito capitalizados dadas às grandes captações que fizeram em 2019. Entretanto, estão com maior poder de barganha nas mãos e pressionarão *valuation* para um valor mais real de mercado das oportunidades que os procuram.

• Série B (momento seguinte ao investimento série A – *venture capital*): há muita dificuldade para investimentos em novas operações, especialmente em rodadas de mais de 10 milhões de dólares e com investidores estrangeiros, já que estão sendo demandados a "olhar para dentro de casa" e reinvestir nas empresas que já são parte de seu portfólio e estão passando por crise de caixa dada a mencionada pandemia. Seus gestores estão abertos a seguirem em *networking*, observando as oportunidades, mas não as concretizando no curto prazo.

• *Private equity*: há muita liquidez, ou seja, estão com muito dinheiro em caixa para investimentos, mas têm dificuldades para encontrar boas oportunidades ou empresas preparadas.

Conclusões

Pela primeira vez, estamos vivenciando uma crise de fluxo. Seu impacto sobre a economia real de todos os países revela-se muito superior ao que foi observado nas últimas crises financeiras (da internet em 2000 e do rompimento da bolha especulativa no mercado financeiro americano em 2008). Em paralelo, a maior parte das empresas de pequeno e médio portes do Brasil não possui caixa para suportar mais do que 27 (vinte e sete) dias de paralisação de suas atividades empresariais. Diante de tal panorama econômico, o desafio dos empresários está na adoção das medidas adequadas para sobreviver.

A sobrevivência das empresas está condicionada aos pilares de geração de caixa e de aumento da eficiência operacional. Para isso, os empresários precisam, em um primeiro momento, cortar custos, ampliar a venda de seus produtos/serviços e antecipar recebíveis.

Ato seguinte, o M&A apresenta-se como uma ferramenta alavancadora das operações, em especial àqueles que transformarem os desafios em oportunidades para crescerem de maneira organizada e, consequentemente, atingirem a maturidade da empresa.

Por fim, sugere-se a contratação de experientes assessores jurídicos desde o início de qualquer tipo de operação de M&A, profissionais esses que, como a autora deste capítulo, poderão "cortar caminhos" para negociações de sucesso dada a quantidade de operações em que já se envolveram.

11

NEGÓCIOS IMOBILIÁRIOS NA FLÓRIDA – FORMAS DE INVESTIMENTOS

Historicamente, a maior forma de transferência de riqueza entre gerações é por meio do mercado imobiliário. O crescimento da Flórida nos últimos 50 anos (4º GDP dos EUA) e sua proximidade – física, climática e cultural – com o Brasil atrai investidores que buscam proteção, diversificação e rentabilidade. Este breve capítulo tem a intenção de fornecer uma visão geral do desempenho do mercado imobiliário na Flórida e as formas mais comuns disponíveis para investimentos.

VITOR ODISIO

Vitor Odisio

Brasiliense nascido em 1972, desde o 2º grau começou a empreender e trabalhar, iniciando como professor particular de matemática e física, passando por juiz de tênis e vendedor, até sua graduação em engenharia civil pela UnB em 1994. Em 1997 abriu sua primeira empresa de construção, mercado em que atua até hoje. Durante sua vida profissional, teve participação em várias empresas dos mais diferentes ramos: alimentação, bar e restaurante, escolas, franquias e terceiro setor. Para enfrentar os desafios do empreendedorismo, sempre buscou formações complementares como eneagrama, *coach*, PNL, *mastermind*, constelação e leituras nos mais diversos campos. Casado, pai de duas filhas e espírita, atualmente mora no sul da Flórida e é General Contractor no estado, a frente de sua empresa, a qual atua em construções e renovações comerciais e residenciais e investimentos com capital próprio e de terceiros. Retorna à sociedade fazendo mentorias *pro bono*.

Contatos
www.thavi.info
vitorodisio@gmail.com
999 Brickell Ave, suite 410, Miami – FL, 33131

Por que imóvel?

Planejar o futuro é pensar nas melhores formas de investir dinheiro. Segurança, liquidez, retorno, etc. é preciso analisar bem cada detalhe antes de tomar uma decisão sobre onde aplicar. Desde a época do homem das cavernas, os imóveis são uma das formas mais tradicionais de investimentos, com a característica de ser um bem durável e que pode ser transmitido entre gerações. É o tipo de negócio feito para quem quer evitar os riscos das flutuações de mercado financeiro sem abrir mão do lucro.

Algumas características claras são:

1. Segurança.
2. Aumento de patrimônio (inclusive podendo ser usado como garantia para captação de recursos).
3. Durabilidade.
4. Fonte de renda em várias modalidades (compra e venda, construção, aluguel etc.).
5. Potencial de valorização.
6. Diversificação de portifólio.
7. Proteção do "Risco-Brasil" quando se investe numa economia mais estável e com moeda forte.
8. Transferência de riqueza para as próximas gerações.

Imóvel na Flórida

No início de 2019, a revista financeira *Forbes* listou várias cidades da Flórida – incluindo Orlando, Jacksonville e Fort Lauderdale – como as melhores apostas para investidores imobiliários no ano e acertou em suas previsões, já que o mercado se apresentou excepcionalmente bom para os investidores. O início de 2020 manteve o desempenho e, apesar da COVID-19, não houve uma queda significativa no preço ou no volume de transações, havendo inclusive o aquecimento do mercado de casas com piscinas, exatamente por ser um ponto de refúgio para as famílias em meio a pandemia.

Podemos perceber, nos gráficos abaixo extraídos do Zillow[1], que o mercado na Flórida continua pujante:

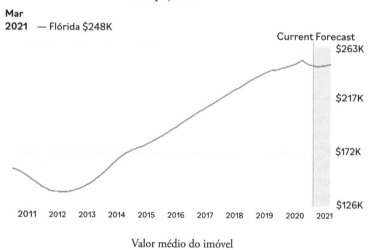

Valor médio do imóvel

Média de dias no mercado

---

[1] O Zillow é um dos maiores portais de imóveis dos Estados Unidos, listando quase todas as transações imobiliárias. zillow.com/fl/home-values.

134 | GBG

Jan
2020 — Flórida $170

$176

$149

$121

$94

2011 2012 2013 2014 2015 2016 2017 2018 2019 2020

Preço médio por pé quadrado

Jan
2020 — Flórida $1,716/mo

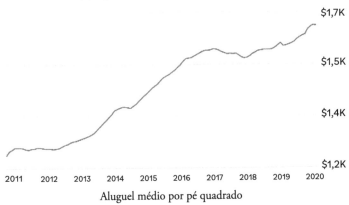

$1,7K

$1,5K

$1,4K

$1,2K

2011 2012 2013 2014 2015 2016 2017 2018 2019 2020

Aluguel médio por pé quadrado

Vitor Odisio | 135

É esperado que o desempenho continue assim? De acordo com o The Florida Times-Union[2], a resposta é sim! A Flórida tem um dos mercados imobiliários mais quentes do país devido a uma série de fatores, dentre eles:

1. Ser um destino turístico internacional, com luz solar o ano todo (dando ao estado o apelido de "Estado do Sol"), com praias e parques temáticos de nível mundial.

2. Economia dinâmica e diversificada, com dezenas de sedes de negócios globais e um governo caracteristicamente pró-negócios e pró--desenvolvimento (não há impostos estaduais nem sobre herança, o imposto sobre a venda é 7% e o *property tax* médio é de 0,93%)[3].

3. A população prevista para 2030 pela Câmara de Comércio da Flórida pode chegar a quase 26 milhões de residentes, mais do que a população atual da Austrália, sendo hoje o terceiro estado mais populoso com 21,5 milhões de habitantes[4].

4. PIB superior a US$ 1 trilhão, com crescimento de quase 40% nos últimos dez anos (é o 4º maior dos EUA).

5. Crescimento do emprego de 2,6% no ano passado e o sétimo melhor estado para fazer negócios, de acordo com a *Forbes*.

6. Classificações de topo por seu clima favorável aos negócios[5]: 2º melhor estado para negócios, 3º ambiente tributário corporativo, 4º menor índice de sindicalização do setor privado e entre os cinco principais estados com o melhor clima tributário empresarial.

Estou pronto para investir na Flórida?

Uma série de perguntas surgem quando há o desejo de se investir em outro país. As mais comuns são[6]:

1. Posso fazer negócios na Flórida mesmo não morando lá? Sim, respeitando-se a legislação nas relações comerciais.

2. Como abrir conta em banco? Vários bancos abrem contas para estrangeiros, utilizando um ITIN number[7], passaporte, endereço de origem e depósito inicial.

---

[2] Disponível em: prlink.jacksonville.com/prlink/stories/what-are-the-predictions-for-the--florida-real-estate-market-in-2020,2062.

[3] kiplinger.com/slideshow/taxes/t054-s001-states-without-income-tax/index.html

[4] census.gov/quickfacts/FL?

[5] enterpriseflorida.com/florida-accolades/

[6] investinfloridaevents.com/

[7] visa-immi.us/tax-number/

3. *Posso financiar?* O financiamento para estrangeiros está disponível em algumas instituições bancárias dependendo do tipo de imóvel, seu valor e sua localização. Geralmente, esses se apresentam da seguinte forma: entrada de 25% a 50%, com o restante financiado em até 30 anos com juros, atualmente, entre 2,5% e 5% ao ano.

4. *Como transferir dinheiro?* Por meio de transferência internacional no banco de origem, com atenção para a regulação do Banco Central e Receita Federal do Brasil.

5. *Preciso declarar os imóveis à Receita Federal do Brasil?* Sim, os imóveis comprados no exterior devem ser declarados no imposto de renda brasileiro como custo de aquisição de valor e não devem causar impacto na declaração de imposto de renda se a origem dos recursos já estiver declarada.

6. *O que é um short-term rent?* Existem zoneamentos nas cidades que permitem o aluguel de curta temporada, muito procurado por quem busca o uso de plataformas *online* como AirBnB, Booking, Expedia etc. Em caso de apartamento ou casa em condomínio é importante conferir se a associação de moradores permite essa atividade.

7. *Quais os custos embutidos no aluguel de uma propriedade?* Na Flórida, o dono do imóvel é responsável pelo pagamento do *property tax* (equivalente ao IPTU), seguro da casa e condomínio. O inquilino custeia água e energia. Limpeza de piscina e manutenção de jardins são itens negociáveis. Como os imóveis já vem com *appliances* – geladeira, fogão, micro-ondas, lavadora e secadora de roupas e, geralmente, triturador e coifa – além de bancadas de cozinha e banheiros com armários, ar-condicionado e boiler, o proprietário também é responsável por garantir o bom funcionamento desses equipamentos.

8. *Como saber que estarei pagando um preço justo pelo imóvel que estarei comprando?* No mercado imobiliário americano, os corretores irão levantar o preço de mercado para uma propriedade por meio de um CMA (*comparative market analysis*) ou análise comparativa de mercado. Utilizando imóveis com construção similar e fazendo ajustes baseados nas informações disponíveis da propriedade, será calculado um valor médio para a oferta de compra ou para a venda. O corretor é a primeira linha de determinação de um valor justo, porém existe um profissional especializado e certificado pelo estado para emitir opiniões de preço que é um avaliador (*appraiser*) com validade perante a bancos. O valor final sempre será determinado pelo cliente e obter uma avaliação oficial sempre é recomendado.

9. Qual o valor das comissões de corretagem na Flórida? O vendedor geralmente paga 3% de comissão ao corretor que listou o imóvel, ou seja, que o colocou no mercado, e mais 3% ao corretor que trouxe o comprador.
10. Como posso fazer reformas ou adições na minha casa? A Flórida exige além da *permit* (permissão), concedida pela cidade e/ou condado, que haja contratantes licenciados – também pelo estado, condado e/ou cidade - para vários serviços, entre eles bombeiro, eletricista, técnico de ar-condicionado, executor de piscinas, além do contratante residêncial, comercial ou contratante geral (*General Contractor*). É permitido ao dono da residência fazer algumas pequenas reformas (troca de pisos, pequenos reparos, pinturas, etc.) sem a emissão da permissão da cidade e/ou presença de um contratante licenciado pelo estado ou condado;
11. Como abrir uma empresa na Flórida? A Flórida é um estado bastante desburocratizado, bastando, para criar uma empresa, entrar no *site* da Divisão de Corporações do Governo do estado e inscrever-se para isso. Em, no máximo, 2 dias, o estado envia um e-mail aprovando a empresa e envia-se esse documento ao IRS (receita americana), onde será gerado um número de empregador – EIN (similar o CNPJ); esse procedimento demora, no máximo, 4 dias. Obviamente, é sempre interessante fazer esses procedimentos por meio de um contador certificado, CPA, que atenderá os requisitos legais e optará pela melhor situação tributária;
12. Como fechar uma empresa na Flórida? O procedimento é bastante similar a abertura, demorando menos de 10 dias;
13. Como declarar impostos? A declaração de impostos nos EUA é bem simples e segue regime de lucro real, apurando-se todas as entradas e saídas e aplicando uma alíquota sobre o lucro. Obviamente há uma série de deduções, diferimentos e legislações que devem ser discutidas com o CPA para análise da melhor forma de aplicação.

O ambiente de comércio na Flórida é bastante descomplicado, valendo sempre a regra do *disclosure* x *liability*: "diga o que vai fazer e faça como foi dito"; se esse binômio estiver aderente à legislação, dificilmente haverá problemas com as autoridades.

Novas construções x imóveis existentes

Enquanto algumas pessoas odeiam colocar a "mão-na-massa"; outras gostam de coisas com uma história. Quando se trata de habitação,

138 | GBG

a nova construção tem o charme de nunca ter sido usada, enquanto as casas existentes têm histórias para serem contadas. Para cada vantagem de comprar casas recém-construídas e existentes, há um outro lado. As primeiras tendem a custar mais do que casas prontas semelhantes, às vezes até 20% a mais; entretanto, os custos para as segundas são maiores em termos de manutenção e *utilities*.

Para balancear prós e contras entre comprar uma nova construção ou uma charmosa casa existente, aqui estão alguns outros fatores a considerar:

Benefícios de imóveis novos

Projeto "do zero": se você optar por uma casa personalizada, você trabalhará com o construtor para criar um *layout* tradicional ou moderno que funcione para sua vida. Se você sempre sonhou com uma sala de jantar formal para reuniões familiares, é sua. Cozinhas fluem para salas de família onde você possa fazer o almoço e supervisionar a lição de casa ou assistir ao jogo. Cômodos em casas novas – especialmente quartos e banheiros – tendem a ser maiores e mais iluminados, com muita luz natural.

Personalização: mesmo que você esteja optando por uma casa pré-projetada, você pode ser capaz de escolher os acabamentos antes que a construção seja concluída. Mesmo que custe um pouco mais, adicionar seus próprios toques pessoais pode valer a pena para você.

Eficiência: novos aparelhos e sistemas domésticos são mais eficientes em termos de energia. Além disso, isolamento e janelas mais eficazes criam casas herméticas e, consequentemente, menos caras para aquecer e esfriar do que os modelos mais antigos. Tudo isso se traduz em contas de luz mais baixas.

Inteligente e econômica: as opções de tecnologia "inteligentes" permitem automatizar internet, cabo, alto-falantes e até mesmo um sistema de alarme.

Manutenção: uma casa recém-construída requer menos manutenção, já que tudo é novo, desde aparelhos até o sistema de ar-condicionado, exaustão e telhado. Isso significa que você pode prever melhor os custos mensais de casa própria, já que você provavelmente gastará menos para manter sua casa. As garantias podem proteger sua nova casa por anos antes que você precise realizar quaisquer grandes reparos.

Comodidades: comprar novas construções muitas vezes significa comprar um estilo de vida. Comunidades planejadas, geralmente, incluem comodidades como parques e espaços comunitários que estão perto de escolas e com pouco trânsito. A chave é encontrar um construtor que ofereça o que você deseja.

Vitor Odisio | 139

Benefícios de imóveis existentes

Localização: novas construções, normalmente, se concentram nos subúrbios, onde a terra é abundante, mas os deslocamentos podem ser mais longos. Nas cidades, novas construções tendem a ser prédios altos ou casas geminadas em lotes urbanos menores, com muito pouco espaço ao ar livre em função do preço da terra.

Paisagismo: a construção existente é, frequentemente, cercada por árvores maduras que sombreiam a casa no verão, protegem contra o vento no inverno e bloqueiam os ruídos do trânsito na hora de dormir. Árvores maduras podem ser replantadas em novos canteiros de obras, mas muitas vezes o paisagismo leva anos para crescer por si mesmo.

Designs: construtores, especialmente em comunidades planejadas, tendem a ficar com estilos de design exterior e acabamentos que atraiam a mais ampla gama de clientes. Você terá que contar com pequenas reformas tais como pintura pós-compra e decoração para se destacar de seus vizinhos.

Tempo: se você está procurando casas novas que já estão construídas, isso não é um fator. Mas se você está construindo uma casa personalizada, pode levar vários meses a mais do que se mudar para uma casa existente, geralmente de 6 a 8 meses a mais.

Renda de aluguel ou lucro como desenvolvedor?

Essa é outra grande questão que vem à cabeça de quem quer investir em imóveis: construir e vender ou alugar? Para ajudar a esclarecer o assunto listarei três prós e três contras em relação ao aluguel.

Prós

1. Renda de aluguel: o benefício mais imediato do investimento em propriedades alugadas é a renda que você obtém dos locatários. Idealmente, sua receita de aluguel deve compensar as despesas de hipoteca e/ou gerenciamento incorridas pelo imóvel alugado. Se uma propriedade alugada sustentar um rendimento de aluguel positivo, você pode usar o aumento do fluxo de caixa anual para renovar a propriedade, comprar outra propriedade ou diversificar seu portfólio de investimentos.

2. Potencial de valorização: possuir um imóvel alugado significa que você se beneficia de quaisquer ganhos no valor subjacente do imóvel. O crescimento do valor da propriedade é amplamente im-

140 | GBG

pulsionado por variáveis externas, como crescimento populacional, desempenho econômico nacional e desenvolvimento do bairro.

3. *Benefícios fiscais*: há um número significativo de benefícios fiscais que você pode reivindicar para administrar e manter um imóvel alugado. Em um imóvel alugado hipotecado, você pode reivindicar os juros do empréstimo anual e quaisquer taxas de originação como despesas dedutíveis do imposto.

Contras

1. *Concentração do investimento*: a compra de um imóvel para locação, seja à vista ou por meio de hipoteca, é uma concentração significativa de ativos para o investidor médio. Como um ativo não líquido e não diversificado, uma propriedade para aluguel está exposta ao risco de quedas rápidas na demanda local do inquilino e nos valores da propriedade local.

2. *Mudança de inquilinos*: os inquilinos de longo prazo que pagam o aluguel dentro do prazo de maneira confiável são altamente valorizados pelos proprietários de imóveis alugados. Infelizmente, uma porcentagem significativa de inquilinos atrasa o pagamento do aluguel ou nem mesmo se importa em pagá-lo. Se isso acontecer com você, pode resultar em semanas ou até meses de perda de renda do aluguel enquanto acontece o processo de despejo do inquilino.

3. *Gerenciamento:* não há como evitar o papel ativo de gestão em um imóvel alugado. Escolher inquilinos confiáveis, manter as condições da propriedade, solicitar reparos e conduzir inspeções na casa são apenas algumas das responsabilidades do proprietário de um imóvel alugado. Entretanto, se você não tiver interesse no gerenciamento ativo, poderá delegar essas tarefas a uma empresa de gerenciamento externa.

Uma das melhores maneiras de ganhar dinheiro é com imóveis. Trabalhar como incorporador imobiliário é considerado uma das atividades mais desafiadoras do mercado imobiliário, pois exige conhecimento técnico e experiência, mas também uma das mais gratificantes e rentáveis.

Ao se tornar um desenvolvedor imobiliário, você deve estar preparado para definir se investirá em um imóvel comercial ou residencial, fazer levantamentos de preços de terrenos e definir preços finais de venda do seu produto com corretores da região. De posse desses dados, deverá fazer estudos de viabilidade e a partir daí levantar capital para comprar o terreno. O próximo passo é contratar e gerir uma equipe de profissionais em várias esferas de negócios imobiliários, como arquitetos, engenheiros, construtores, consultores etc. Você, também, é responsável por obter todas as licenças necessárias para a construção, bem como levantar o financiamento. Essas ações devem estar todas sincronizadas e acontecer no menor espaço de tempo possível para que os resultados sejam maximizados.

Obviamente, não é necessário, para se investir em imóveis novos, que se tenha todo esse trabalho, basta, para tanto, que haja uma associação com um desenvolvedor imobiliário, provendo financiamento para o negócio. De modo geral, o investidor imobiliário pode esperar uma taxa média anual de retorno sobre os investimentos imobiliários entre 6–12%. Ao lidar com investimento comercial, pode se esperar uma taxa de retorno em torno de 8%. Quando se trata de investimentos imobiliários residenciais, a taxa de retorno é de cerca de 10%.

Gestão do patrimônio

Se você é um proprietário ou apenas quer ganhar dinheiro com imóveis, é crucial entender como gerenciar um imóvel da maneira certa. Não se trata apenas de saber como consertar as coisas quando elas quebram. Como gestor de imóveis, especialmente como proprietário, você será forçado a atuar em diferentes frentes, já que a maneira como você gerencia suas propriedades vai determinar o seu sucesso.

Os empreendedores tornaram-se obcecados com aluguel de imóveis, porém não somente os de longo prazo. A ascensão do AirBnB e outras plataformas de *short term*, e a corrida para converter apartamentos e casas em aluguéis de curto prazo deram um novo viés a esse mercado. Se você está procurando entrar nesse nicho, preste atenção aos conselhos dos gerentes de imóveis que estão dominando o jogo de aluguel de curto prazo.

Embora os aluguéis de curto prazo estejam em constante ascensão, os aluguéis de longo prazo também têm sido uma fonte do Santo Graal de toda a renda: **renda passiva**. O mercado imobiliário é um exemplo primordial de uma das melhores maneiras de criarmos uma renda passiva a partir de um ativo do mundo real que aumenta de valor ao longo do tempo. A melhor parte? Mesmo que você financie 70% ou 80% do imóvel, você ainda recebe 100% da renda do aluguel.

Bem, o que não é tão óbvio ou simples é, particularmente, como você vai cuidar da gestão dessa propriedade. Se você não tem tempo, encontre um bom gestor de imóveis local, que possa cuidar de todos os detalhes para você. Se você tem tempo, economize dinheiro e assuma as funções desde a manutenção até a cobrança.

Para ajudar nesse processo de gestão listei abaixo 7 dicas úteis:

1. Conheça seu imóvel: quando você compra um novo imóvel, seu primeiro passo deve ser realmente conhecê-lo e a todos os sistemas e equipamentos que o compõem, pois cada desses tem um intervalo de serviço específico e vida útil. A falha causada por falta de manutenção preventiva gerará uma corretiva, que geralmente é bem mais cara. Existem *softwares* simples que auxiliam nessa função.

2. Planeje reinvestir em seu imóvel: se você está administrando seu imóvel como um aluguel de férias, você tem que planejar reinvestir nele parte da receita auferida durante o ano. Isso manterá sua casa em condições ideais ao alugá-la. Quanto mais luxuoso o imóvel, mais essa regra vale.

3. Crie um plano financeiro: entenda que o que sua casa provavelmente gerará em receitas depende de três fatores-chave:

- O local específico dentro do destino.
- O nível de luxo da casa.
- Seu tamanho e comodidades.

4. Trabalhe com um corretor experiente: o conhecimento de um corretor de imóveis sobre os vários tipos de negócio de aluguel é, muitas vezes, variado; uns dominam o mercado de longo prazo, outros o de curto prazo, outros o de imóveis para férias. Embora eles possam ser capazes de oferecer dicas de gestão de propriedades qualquer que seja sua *expertise*, é importante que você trabalhe com agentes que entendam o negócio, especialmente nos estágios iniciais de encontrar, comprar e gerenciar imóveis que se destinam ao nicho desejado.

5. Consulte vários gestores de imóveis: antes de contratar um gestor de imóvel, especialmente um que gerencia aluguel de férias, certifique--se de entrevistar várias empresas e se concentrar em:

- Maximizar sua receita gerada.
- Manter seu imóvel.
- Fornecer comunicações transparentes e honestas.

6. Seja realista em relação aos valores cobrados: um dos maiores erros que os proprietários de imóveis, e às vezes até mesmo os administradores de imóveis, cometem ao alugar um imóvel é definir preços muito altos.

Vitor Odisio | 143

7. *Construa um bom relacionamento com sua equipe de limpeza*: se o seu foco é aluguel de curto prazo, ter uma boa equipe de limpeza é crucial.

Conclusão

Este capítulo não teve a pretensão de esgotar o assunto de como investir no mercado imobiliário na Flórida, o que daria livros inteiros, mas sim dar uma visão geral sobre as várias frentes de atuação, seus possíveis lucros e cuidados a serem tomados.

A Flórida é um estado pujante, muito com "a cara" do brasileiro, com seu calor, praias e parques e oferece também excelentes oportunidades para investimentos seguros em imóveis. É um dos estados mais amigáveis a negócios nos EUA, mas conta com suas especificidades jurídicas e burocráticas, mesmo que mínimas, para proteção e transparência das relações comercias e essas devem ser seguidas por quem quer investir aqui.